MANUAL DE GESTÃO

ORGANIZAÇÃO, PROCESSOS E PRÁTICAS DE LIDERANÇA COLETIVA

HAINO **BURMESTER**

MANUAL DE GESTÃO

ORGANIZAÇÃO, PROCESSOS E PRÁTICAS DE LIDERANÇA COLETIVA

2ª edição

saraiva uni

SOMOS EDUCAÇÃO | saraiva uni

Av. das Nações Unidas, 7221, 1º Andar, Setor B
Pinheiros – São Paulo – SP – CEP: 05425-902

SAC | **0800-0117875**
De 2ª a 6ª, das 8h às 18h
www.editorasaraiva.com.br/contato

Vice-presidente Claudio Lensing
Diretora editorial Flávia Alves Bravin
Gestão editorial Rita de Cássia S. Puoço
Aquisições Fernando Alves, Julia D'Allevo
Editores Ana Laura Valerio, Neto Bach, Thiago Fraga
Produtoras editoriais Alline Garcia Bullara, Amanda M. Loyola, Daniela Nogueira Secondo
Suporte editorial Juliana Bojczuk Fermino

Revisão Beatriz Simões
Diagramação e capa Caio Cardoso
Impressão e acabamento Bartira

ERP 303.798.002.001

ISBN 978-85-53131-037

DADOS INTERNACIONAIS DE CATALOGAÇÃO NA PUBLICAÇÃO (CIP)
ALINE GRAZIELE BENITEZ CRB-1/3129

B975m
Burmester, Haino

Manual de gestão: organização, processos e práticas de liderança / Haino Burmester. - 2. ed. - São Paulo : Saraiva Educação, 2018.

ISBN 978-85-53131-037

1. Liderança. 2. Administração de empresas. I. Título.

CDD: 658.4092
CDU: 005.322:316.46

Índice para catálogo sistemático:
1. Liderança
2. Administração de empresas

2ª edição

EDITAR 11159 CL 651739 CAE 627304

AGRADECIMENTOS

O conteúdo deste manual de gestão é fruto de intermináveis ações, observações, leituras, reflexões e discussões com inúmeros interlocutores com os quais o autor interagiu, desde 1978, em sua atividade, na área de administração, como executivo, assessor, consultor e professor.

Para a elaboração deste conteúdo, um agradecimento especial deve ser feito às sucessivas gerações de alunos do curso de especialização em Administração Hospitalar e de Sistemas de Saúde do Programa de Estudos Avançados em Administração Hospitalar e de Sistemas de Saúde (Proahasa) da Escola de Administração de Empresas de São Paulo da Fundação Getulio Vargas (FGV-EAESP) e do Hospital das Clínicas da Faculdade de Medicina da Universidade de São Paulo (HC-FMUSP); a eles o autor submeteu, durante suas aulas, muitas das ideias discutidas neste livro e deles recebeu inúmeras observações, contribuições, críticas e sugestões que ajudaram a melhorá-lo. De certa forma, eles foram os primeiros a avaliar este conteúdo. Isso não deve eximir o autor de culpa por quaisquer erros, omissões ou imprecisões aqui encontradas.

Também se deve registrar um agradccimento especial àqueles profissionais (*in memoriam*) com os quais o autor cruzou em sua vida e deles absorveu lições impagáveis de liderança e comportamento organizacional dignos: Daniel e Raymundo Egg;[1] Rufo Lopez-Fresquet;[2] Antônio Bernal Barcellos[3]; e Jamil Nicolau Aun.[4] Com eles, o autor conviveu e muito aprendeu.

Incluem-se neste agradecimento os servidores do HCFMUSP, com os quais o autor teve oportunidade de interagir em diferentes situações organizacionais e de quem muito aprendeu sobre lições de vida e comprometimento com objetivos maiores de uma organização; eles são os responsáveis pela grandiosidade dessa instituição e pelo respeito que ela conquistou junto ao povo brasileiro.

Aos voluntários do programa Compromisso com a Qualidade Hospitalar (CQH), que desde 1991 emprestam seu labor irrestrito por uma causa cidadã,

1 O primeiro foi fundador do Hospital Evangélico de Curitiba e da Faculdade Evangélica de Medicina de Curitiba, e o segundo, empresário de destaque da indústria paranaense, com quem o autor conviveu.

2 Advogado e economista, ministro da Fazenda de Cuba durante os primeiros 14 meses do governo de Fidel Castro. O autor foi seu aluno e orientando no Elbert Covell College, da University of the Pacific, em Stockton, Califórnia. Possivelmente, Rufo teria sido eleito presidente de Cuba, não fosse o golpe dado por Fidel após a revolução.

3 Ex-presidente da Renault do México, com quem o autor trabalhou naquele país.

4 Presidente do Conselho Deliberativo do Hospital Sepaco, em São Paulo, durante o período em que o autor foi superintendente-geral desse hospital.

a qual lhes permitiu penetrar na prática e nos detalhes da administração hospitalar brasileira; muito da liderança desses hospitais ficou exposto e teve impacto na elaboração deste trabalho. São também frutos dessa convivência os conteúdos deste livro oferecidos ao leitor brasileiro interessado em perscrutar novos e diferentes caminhos do que seja a liderança: sua organização, seus processos e suas práticas.

E, por fim, um agradecimento especial ao engenheiro Luiz Henrique Burmester pelas sugestões feitas após a revisão do original desta obra; com ele, o autor compartilha muitas ideias apresentadas neste livro.

O autor.

SOBRE O AUTOR

Haino Burmester é médico e administrador de empresas. Desde 1976, tem se dedicado à gestão de serviços de saúde, principalmente em hospitais públicos e privados. Suas intervenções na gestão desses serviços se dão como executivo, consultor, assessor, coordenador, atuando também como professor e palestrante.

Estudou no Brasil, na Inglaterra e nos Estados Unidos. Trabalhou nas montanhas do México em desenvolvimento comunitário com descendentes dos índios Chichimecas; em hospitais da Costa Oeste dos Estados Unidos; na Schiller University, da Inglaterra; na Organização Pan-Americana da Saúde em Trinidad e Tobago; na Organização Mundial da Saúde (OMS) na África; e no Brasil, no Hospital das Clínicas da Faculdade de Medicina da Universidade de São Paulo (HC-FMUSP), no Hospital Sepaco e no Hospital Sírio-Libanês.

Também trabalhou no Comitê de Imprensa do Comitê Organizador da Copa do Mundo de Futebol, em 1970. Criou e coordenou, voluntariamente, desde 1991, o programa Compromisso com a Qualidade Hospitalar (CQH), mantido pela Associação Paulista de Medicina.

Atualmente, é coordenador de Recursos Humanos na Secretaria Estadual de Saúde de São Paulo (SES-SP) e professor do Departamento de Administração da Escola de Administração de Empresas de São Paulo da Fundação Getulio Vargas (FGV-EAESP). É membro do Instituto Brasileiro de Governança Corporativa (IBGC).

APRESENTAÇÃO

A liderança se manifesta por um conjunto de técnicas gerenciais praticadas por diferentes atores dentro de uma organização. Como qualquer outra atividade humana, a gestão exige técnica para ser realizada. E, como toda técnica, aprende-se pelo estudo, prática e desenvolvimento de conhecimentos, habilidades e atitudes próprias. A liderança na gestão de uma organização não é a prática de um talentoso, messiânico ou carismático líder que tenha capacidade de conduzir pessoas a fazerem o que ele quer. Liderança na gestão é consequência de uma técnica gerencial aplicada e que pode ser aprendida e desenvolvida; isso é o que se pretende transmitir neste livro, desconstruindo o mito do líder herói e trazendo para reflexão o conceito de liderança coletiva, compartilhada ou sistêmica.

Por outro lado, a pergunta que pode ser feita ao se iniciar a leitura de um novo livro sobre liderança é: "Por que mais um?". De fato, ao se analisar a literatura sobre temas de liderança, ver-se-á que as livrarias têm prateleiras cheias de livros sobre eles; um portal na internet, consultado recentemente, tinha mais de 6,3 milhões de citações para esse item.[1] A liderança parece ser um dos assuntos mais estudados em administração e, quem sabe, um dos menos entendidos; talvez por isso se busquem tanto as respostas acerca desse tema. Mesmo livros cujo assunto específico não é a liderança dedicam alguns capítulos a ela, tal é o fascínio que desperta. A maioria dos textos sobre o assunto procura ensinar como fazer para ser um líder transformador e motivador; centra-se em líderes carismáticos, salvadores da pátria e vencedores. Os líderes heróis! Os textos focam as características do indivíduo, sua análise e como melhorá-las. Sem falar dos livros de autoajuda, que prometem ensinar como se tornar um líder transformador em dez lições. Sempre há certo charme e glamour envolvendo a palavra **líder** numa aura de supremacia e poder. Esses textos invariavelmente contêm discussões intermináveis sobre se o líder pode ser formado ou se já nasce feito para "brilhar num mundo de riscos, competição e incertezas".

O fato é que este livro pretende apresentar uma abordagem realmente diferente sobre a gestão e a liderança, a começar por enfocá-las como um conjunto de ações, estruturas organizacionais e processos conduzidos por grupos baseados

1 Pesquisa recente no site da *Harvard Business Review Online* apresentou 7.812 títulos de livros sobre o assunto.

em conceitos compartilhados e não na ação de pessoas que agem de maneira individualizada. Aqui se pretendem mudar velhas concepções sobre liderança, a partir de sua definição como um fenômeno coletivo, muito mais do que uma ação individual. As escolas de pensamento ligadas ao novo institucionalismo (ou neoinstitucionalismo) estudam, como o próprio nome indica, o aspecto institucional das organizações mais do que o papel dos indivíduos (escolas comportamentalistas) atuantes dentro delas. De certa forma, o novo institucionalismo revê conceitos das teorias comportamentais que procuravam explicar as organizações a partir do comportamento de seus agentes; as pesquisas ligadas ao novo institucionalismo enfocam a influência das instituições no comportamento das pessoas dentro das organizações em face de normas, regras e outros determinantes. Uma perspectiva cognitiva do novo institucionalismo diz que as pessoas atuam nas organizações guiadas por conceitos; as rotinas são seguidas porque "esta é a forma como fazemos as coisas por aqui".[2]

O conteúdo deste livro está baseado no conceito da gestão e da liderança como ações institucionais, mais do que fruto da ação de indivíduos. Entende-se por liderança a ação do grupo orientada pela missão, visão, valores e outros conceitos básicos da organização; poder-se-ia chamá-la de *liderança institucional, sistêmica, compartilhada* ou *coletiva*. Procura-se afastar a ideia da liderança como produto de um indivíduo superdotado (ou ungido por alguma força divina) em algumas competências e que tenha condições de liderar outros para conseguir seus objetivos. Entende-se que, se esse indivíduo tem tal capacidade, ele a exercerá em benefício próprio mais do que no interesse coletivo; ele conduzirá uma organização ou uma nação para onde ele quiser, que não necessariamente é para onde o coletivo deseja ou deva ir. Um líder de sucesso, diz o professor D. Quinn Mills, em seu livro *Masters of illusion*,[3] deve ser capaz de persuadir as pessoas a seguir em uma direção, o que, inevitavelmente, requer a habilidade de mudar a forma de pensar delas. Será que é isso o que as pessoas ou as organizações querem ou precisam?

Esses "mestres da ilusão" são, possivelmente, pessoas vaidosas que querem moldar as coisas à sua maneira, ao seu modo de ver o mundo. São pessoas cuja capacidade emocional, eventualmente, ficou truncada em alguma fase do seu desenvolvimento, sem permitir a plena realização do indivíduo adulto e capaz de conviver com a pluralidade de outras formas de fazer as coisas. A prática racional

2 SCOTT, R. W. *Institutions and organizations*. 2. ed. Thousand Oaks: Sage Publications, 2001. (Tradução livre).

3 MILLS, D. Q.; ROSEFIELDE, S. *Masters of illusion*: american leadership in the media age. New York: Cambridge University Press, 2007.

demonstra que sempre existe mais de uma maneira de fazer as coisas; se alguém pretende que só exista uma, então, possivelmente, terá grande chance de ser a pessoa errada para o coletivo. Não foi à toa que Muammar Kaddafi, ditador líbio por mais de 40 anos, e morto por rebeldes líbios em 2011, disse em seu *O livro verde*[4] que "a verdadeira democracia tem apenas um método e uma teoria"; seguramente ele se refere à democracia dele, ao método dele e à teoria dele.

É importante também estabelecer uma diferenciação entre o que seja líder, chefe, executivo, presidente, diretor ou quaisquer outras denominações para pessoas em posição de comando dentro de organizações. A maioria dessas denominações se refere a condições formais dos indivíduos, o que não necessariamente vem acompanhado de competências de liderança. Por exemplo, uma revista de negócios de grande circulação no Brasil, em uma de suas edições de 2004, traz na capa a pergunta: "Você manda bem?", para introduzir uma matéria de "como se tornar um líder respeitado por seus funcionários e fazê-los vestir a camisa da empresa". A análise mais cuidadosa dessas manifestações sugere que há nelas uma mistura de conceitos, o que bem demonstra a confusão prevalente neste tópico de estudo da administração. Para começar, líderes não mandam! (A frase é propositadamente provocativa.) Dar ordens saiu de moda; em seu lugar entraram conversas francas e negociações em que as duas partes cedem.[5] E não é por mandar "bem" que um líder será respeitado pelas pessoas que trabalham com ele e os fará vestir a camisa da organização.

Existe vasta bibliografia sobre os grandes princípios da liderança, obtidos por meio de depoimentos de dirigentes famosos. A maioria desses trabalhos postula que os líderes se distinguem dos administradores por sua visão, paixão, pensamentos proativos, intuição, senso de antecipação, propensão a correr riscos, conhecimento de si mesmo, facilidade de locução e capacidade de delegar. Visionários, os líderes seriam agentes de mudança que conseguiriam administrar a incerteza, utilizando-se do pensamento sistêmico, e que saberiam aprender. Ao contrário dos administradores, que obedecem às regras impostas pelo sistema ao qual estão vinculados, os líderes se apoiariam nas suas forças internas. Eles saberiam o "que" fazer e os administradores, "como" fazer. Não há nada de errado com tais afirmações; elas apenas refletem uma forma de pensar prevalente atualmente, mas este livro sugere que precisam ser revistas à luz das demandas

4 *O livro verde* contém os "ensinamentos" de Kaddafi que, segundo ele, são as respostas para todos os problemas da vida na Terra baseadas no que ele chama de a "terceira teoria universal" ou de o "novo evangelho".

5 LANCASTER, L. C.; STILMANN, D. *O y da questão*: como a geração y está transformando o mercado de trabalho. São Paulo: Saraiva, 2011.

de uma realidade mais complexa do que poderiam pressupor e que vai cada vez mais se materializar no transcorrer do século XXI. As organizações do século XXI são muito grandes e complexas; com variedade de especialistas em seus quadros e um conjunto de interesses muito mais amplo do que jamais se viu antes na história da humanidade. Essas organizações têm de se desenvolver em meio a uma quantidade fenomenal de informações disponíveis a todos os grupos que nela têm interesse e que farão uso dessa informação de maneira nem sempre uniforme e previsível. Também se deve acrescentar a esse conjunto de novidades nas organizações do século XXI o fato de que elas podem ter de conviver com quatro gerações de pessoas trabalhando nelas ao mesmo tempo: os chamados tradicionalistas; os *baby boomers*; e as gerações X e Y. Ora, se o choque de gerações já se apresenta de difícil harmonização quando se fala de duas gerações, o que se dirá de quatro; trata-se de um problema com o qual as organizações anteriores ao século XXI não tiveram de enfrentar.

É pouco provável que os líderes atuais favoreçam movimentações no sentido de mudar o conceito de liderança no qual eles apoiam sua atuação individual e hegemônica. Seria o mesmo que esperar que políticos apoiassem reformas que comprometessem seus interesses; essas reformas políticas nunca sairiam do papel e das boas intenções se dependessem dos políticos cujos interesses seriam prejudicados pela reforma. Talvez crises financeiras ou de outra natureza, que afetem a todo mundo, possam ajudar no desencadeamento dessas mudanças.

Muito se fala em fazer "coisas diferentes", mas continua se fazendo "mais do mesmo". Às vezes é preciso fazer diferente. E fazer diferente pode ser condição imprescindível para o sucesso no século XXI. Numa sociedade pós-industrial não prevalecerão as regras que deram certo antes da era da informação. As práticas que foram boas para os séculos XIX e XX (e anteriores) talvez já não se apliquem às gerações de pessoas criadas de maneira muito diferente daquelas dos séculos passados, a começar pela educação das crianças e pela influência da digitalização na sociedade. No passado, com comportamentos mais rígidos e educação mais estrita, em 95% das ocasiões os pais diziam "não" a seus filhos e 5% era negociado; exagerando um pouco, poderia-se dizer que na educação atual essas proporções se inverteram. Logo, é pouco provável que aquilo que funcionava com adultos que foram crianças naquele ambiente funcione hoje com adultos que cresceram em ambiente diferente. Saliente-se que não se está aqui fazendo nenhum juízo de valor para identificar condutas corretas ou erradas, neste ou naquele momento da história. Apenas se destaca que as coisas são assim.

As novas gerações abandonaram, de certa forma, o romantismo e o idealismo das gerações anteriores que se coadunavam mais com a ideia de um líder glorioso e condutor de homens. As chamadas gerações X e Y (e até a mais recente, a geração Z) são mais pragmáticas e trocaram o idealismo pelo realismo. Os "nativos digitais", nascidos após 1990, se caracterizam pelo autodidatismo tecnológico; agilidade e criatividade; demandam muito de seus superiores; não se incomodam em atropelar processos; não têm paciência para os ritos organizacionais; e não pensam duas vezes antes de abandonar uma organização que possa ter investido muito na formação deles.[6] Os líderes do futuro lidarão com um mundo onde os limites serão mais imprecisos, sem respostas simples para questões complexas. Eles terão de ouvir mais do que falar e responder a uma grande diversidade de pontos de vista; não haverá uma voz prevalente do grande líder. De certa forma, a nova geração tende a manter abertas sempre muitas opções e amplas redes sociais de contatos. O contato com mudanças e com a expansão rápida de tecnologia faz com que essa geração se direcione mais para o âmbito exterior do que para o interior; às vezes podem parecer alienados, e introspecção não faz parte do seu mundo. Essas pessoas desenvolvem-se bem, tanto no mundo globalizado como no digitalizado, tornando-se mais familiarizadas com o multiculturalismo e a diversidade. Os novos costumes levaram-nas a se acostumar, mais do que as gerações precedentes, com mulheres em posições de independência e autoridade. Todas essas características tornam tais pessoas mais tendentes a aceitar inovações e pragmatismo.[7] Nessas considerações também se deve refletir sobre as novas estruturas familiares, que apresentam formas diversas das famílias consideradas tradicionais. Mesmo na forma tradicional de família, hoje tem-se menos filhos, o que cria um círculo parental menor com as consequências inerentes às cadeias de relacionamentos mais restritas.

De certa forma, o conteúdo do livro está alinhado com os conceitos de Peter Senge[8] e de outros autores que preferiram seguir o mesmo caminho intelectual dele ao discutir organizações. As ideias de Senge e dos outros (não necessariamente neoinstitucionalistas) têm exercido grande influência na mudança da percepção da liderança pelo mundo afora. Mas as mudanças não acontecem de uma hora para outra só por causa da publicação de um livro; nas ciências sociais, ideias levam tempo para maturar, sedimentar e adquirir massa crítica suficiente para que uma mudança possa ser reconhecida e alguma influência atribuída a este ou

---

6 Gerações X e Y. *Folha de S. Paulo*, Caderno Emprego, 28 fev. 2010.

7 ERICKSON, T.; GRATTON, L. *Eight ways to build collaborative teams*. Disponível em: <https://hbr.org/2007/11/eight-ways-to-build-collaborative-teams>. Acesso em: abr. 2018.

8 SENGE, P. M. *The fifth discipline*: the art and practice of the learning organization. New York: Doubleday/Currency, 1990.

aquele movimento ou escola de pensamento. Também se deve reconhecer a força da somação de contribuições que progressivamente agregam valor e dão novos contornos a um movimento social. No caso, o aporte que as ideias de Senge pretendem dar é contribuir para o "fazer diferente" na transformação prática de conceitos desenvolvidos por ele e outros autores citados ao longo dos diversos capítulos. É preciso entender que os novos tempos exigem novas soluções; fazer as coisas de maneira diferente do que elas foram feitas antes. Velhas fórmulas não se aplicam à complexidade do mundo atual e das relações que se estabelecem nas organizações hoje em dia. Não se trata de mudar por mudar ou porque mudança pode ser associada com modernidade e visão esclarecida. Muitos que propugnam por mudanças com frequência nem sabem por que o fazem.

Aqui se busca o entendimento de que o mundo mudou e, portanto, as coisas devem ser feitas de acordo com as demandas contemporâneas. Portanto, a primeira lição a ser aprendida é entender as mudanças do mundo atual e das relações intraorganizacionais. Trata-se de ir além dos modismos ou do que os gurus da autoajuda estão disseminando como verdades absolutas. É preciso entender realmente que as coisas são diferentes como nunca foram antes na humanidade e compreender o alcance dessas diferenças e o que elas significam. Só assim se assimilará que as coisas precisam ser feitas de maneira diferente. Diferente significa não seguir a corrente da moda, como a ênfase no sucesso a qualquer preço, que incensa as condutas agressivas de executivos que, para ser bem-sucedidos e respeitados, precisam "sempre mais, porque você pode tudo se desejar com suficiente intensidade". Esse tipo de atitude talvez tenha algo a ver com as origens da crise econômica desencadeada pelos *subprimes* no final da primeira década do século XXI.

Nesse contexto, é importante também destacar o papel das redes informais de confiança e comunicação que definem os padrões de relacionamento entre os profissionais na atualidade. As redes sociais existentes na sociedade e nas organizações complexas modernas são mais flexíveis do que as hierarquias e às vezes podem até manipulá-las. Nessas condições, o papel da liderança será obrigatoriamente diferente do que aquele exercido nas organizações mais hierarquizadas do passado. Esse fenômeno pode ser igualmente observado nas redes mais amplas, como a internet. Robert Cailliau, um dos seus inventores, disse recentemente que "a rede mundial é uma construção coletiva", e só faz sentido assim. Ele complementa dizendo que

> "a web é uma ferramenta que não se deixa manipular demais: a democracia parece estar imbricada na rede mundial. É isso que, aliás, irrita os espertos que querem se apropriar dela e também os ditadores e os chefes de regimes opressivos que não conseguem conviver com a diversidade".[9]

Neste livro se fala de técnica de gestão; administração entendida como um conjunto de técnicas integradas dentro de uma organização para conseguir resultados. Já se foi o tempo (mas alguns recalcitrantes ainda resistem) em que se dizia que administrar era ter bom senso. Claro que é; assim como para ser médico, engenheiro, padre, professor ou pai de família é preciso ter bom senso. Bom senso é importante para tudo nas relações complexas da sociedade moderna. Mas não basta para administrar eficiente, eficaz e efetivamente. É preciso técnica, como para qualquer outra profissão. O que este livro pretende é abordar técnicas e métodos para chegar a uma liderança que realize uma gestão eficiente, eficaz e efetiva das organizações.

Além de outras influências já citadas, os conteúdos e a forma do livro foram orientados para a realização do modelo de gestão proposto pela Fundação Nacional da Qualidade (FNQ)[10] trazido para o Brasil em 1991. A FNQ é uma organização privada sem fins lucrativos, criada no Brasil por dirigentes de companhias nacionais e transnacionais, no início da década de 1990, com o objetivo de estimular as empresas brasileiras a melhorar a qualidade de seus produtos ou serviços, para poder competir numa economia globalizada. A FNQ pratica sua missão, entre outras formas, por meio do Prêmio Nacional da Qualidade (PNQ), para o qual as empresas interessadas se candidatam mediante a apresentação de um relatório de gestão contendo suas práticas gerenciais seguindo o roteiro proposto pelo modelo. Assim, as empresas são avaliadas no tocante a aspectos como liderança, planejamento, relação com clientes, relação com a sociedade, gestão das informações, gestão das pessoas, gestão dos processos e resultados da organização.

Na verdade, as empresas estão mais interessadas na aplicação do modelo como maneira de melhorar seu processo gerencial do que propriamente em ganhar o prêmio. O que foi feito neste livro foi destacar a proposta da FNQ para liderança, expandindo seu conteúdo na visão do autor. A longa convivência do autor com a metodologia proposta por aquela fundação, por tê-la adaptado para a área da saúde por meio do programa Compromisso com a Qualidade Hospitalar

9 O criador da WWW. *O Estado de S. Paulo*, Caderno B, p. 34-35, 29 set. 1997.

10 Mais informações podem ser obtidas no site da instituição: <http://www.fnq.org.br>.

(CQH),[11] levou-o a optar por essa forma de ver a liderança e a gestão. No gráfico abaixo são mostradas as relações da liderança com os demais elementos do modelo. A liderança não pode ser entendida como um elemento isolado e sem relação com os demais aspectos da gestão de uma organização. Concebê-la como algo a ser estudado separadamente do resto da organização acarretará incompreensões e distorções de conceitos.

O MODELO DO COMPROMISSO COM A QUALIDADE HOSPITALAR (CQH)/ PRÊMIO NACIONAL DE GESTÃO DE SAÚDE (PNGS)

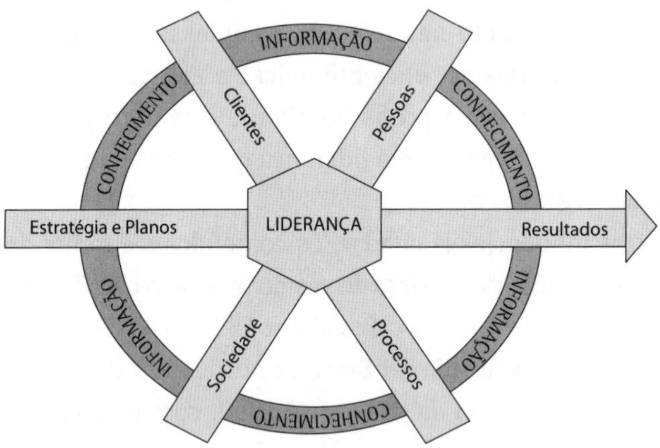

Na figura, nota-se a liderança como parte de um modelo sistêmico, integrado e coerente (ela nunca pode estar isolada do contexto da organização) em que os resultados captados pelos sistemas de informação dos grupos de interesse permitem à liderança planejar as estratégias a serem transformadas em processos executados por pessoas produzindo resultados e fechando o ciclo. A liderança está no centro do gráfico assim como nas organizações: por ela tudo passa e dela tudo emana. As organizações são o reflexo de sua liderança.

O livro tem um componente prescritivo, assim como explicativo. Ou seja, pretende-se dar uma fórmula de como se conduzir a liderança na gestão de uma organização, mas também refletir sobre o porquê de as coisas acontecerem da forma como acontecem. Por outro lado, não se pode deixar de admitir que o livro muito se vale por sua estrutura, ou seja, pela estrutura proposta para a liderança. Os conceitos dentro dos capítulos são conhecidos; o que se fez aqui

11 Programa cuja missão é contribuir para a melhoria contínua da qualidade das organizações de saúde no Brasil. Criado em 1991, é mantido pela Associação Paulista de Medicina. Mais informações podem ser obtidas no site da instituição: <http://www.cqh.org.br>.

foi condensá-los e apresentá-los numa abordagem única, sistêmica, integrada e coerente, permitindo ao leitor entender de que consiste a liderança segundo o modelo proposto. Uma vez entendido isso, o leitor poderá empreender a sua tarefa de estruturar e executar a liderança na gestão de sua organização.

Ao longo de muitos anos, o autor foi coletando informações sobre gestão e liderança, nem sempre registrando a fonte, mesmo porque apesar de o tema sempre ter sido de seu interesse, a ideia do livro é bem mais recente. Talvez por isso algumas ideias consideradas de domínio público apareçam no transcurso do livro sem nenhum registro de autoria, embora possam ter sido apresentadas por outras pessoas em algum momento anterior. Isso não significa, contudo, plágio deliberado, apenas falta de metodizar a ação ao longo do tempo, e o autor se declara disposto a fazer o devido registro da autoria, sempre que comprovadamente advertido. Tantos são os textos e apresentações sobre gestão e liderança que às vezes é praticamente impossível registrar precisamente quem primeiro fez menção a determinada ideia ou conceito. O escritor argentino Jorge Luis Borges comentou várias vezes que a criação literária é, em grande parte, impessoal, por ser cada escritor arquétipo de todos os escritores; a colaboração entre eles seria uma forma de superar o "eu" e a ideia ególatra de que uma obra está possuída por seu autor: "somos todo o passado, somos nosso sangue, somos a gente que vimos morrer, os livros, somos gratamente os outros". A reescrita e a paródia seriam parte das estratégias de Borges para dissolver a ideia de autoria.[12]

Usar-se-á ao longo do texto a palavra **organização** querendo com ela indicar empresas privadas ou públicas, de pequeno (micro inclusive), médio ou grande porte, produtoras de bens ou serviços, organizações não governamentais (ONGs), organizações da sociedade civil de interesse público (OSCIP) ou qualquer outro tipo de associação criada com a finalidade de conduzir ações humanas com objetivos definidos. Ela será, portanto, sinônimo de empresa, instituição, associação etc. Quando se estiver referindo à organização como um dos componentes da administração, isso será devidamente destacado. Embora, às vezes, seja citada a liderança política de administradores públicos eleitos, ela, entretanto, não se constitui objeto do presente livro. Da mesma forma, não se estará falando da liderança de mercado a que uma organização possa aspirar ou manter em contexto comercial. Não se tratará neste livro, tampouco, dos casos patológicos de "lideranças tóxicas", para os quais não existem limites de códigos morais,

12 FRAIA, E.; BARBARA, V. Borges e Bioy, ficção de cano duplo. *O Estado de S. Paulo*, 15 mar. 2008. Disponível em: <http://cultura.estadao.com.br/noticias/artes,borges-e-bioy-ficcao-de-cano-duplo,140977>. Acesso em: abr. 2018.

éticos ou de qualquer outra ordem que não seja os do próprio líder. Muitas organizações sofrem nas mãos de pessoas desse tipo; esse comportamento tem de ser tratado em livros de psicopatologia, e não sobre gestão.

COMO LER ESTE LIVRO

O livro deve ser lido na ordem apresentada, mas é preciso que o leitor preste atenção na forma como ele está estruturado, porque é na estrutura que está a sua mensagem – ou seja, de como estruturar e praticar a liderança. As diversas seções têm informações sobre temas contidos no conceito de liderança proposto no livro. É óbvio, porém, que os conteúdos de cada seção estarão mais detalhados em outros livros específicos sobre esses assuntos. Não se pretende aqui esgotar temas como negociação, tomada de decisão, organização, poder, competências para a liderança, comunicação, sucessão etc. O que se objetiva é apenas introduzi-los como essenciais para a prática da liderança. Em cada capítulo haverá uma reflexão sobre cada um dos temas, a fim de sugerir formas de melhor conduzi-los nas organizações.

INTRODUÇÃO

De tempos em tempos a tribo reunia-se num círculo. Simplesmente conversavam e conversavam, aparentemente sem propósito algum. Não tomavam decisões. Não havia líder. Todos podiam participar. Podia haver homens sábios ou mulheres sábias a quem se escutava mais – os anciãos –, mas todos podiam falar. A reunião continuava, até que, finalmente, terminava sem motivo algum e o grupo se dispersava. Ainda assim, depois daquilo, todos pareciam saber o que fazer, porque entenderam tão bem uns aos outros. Então podiam reunir-se em grupos menores e fazer algo ou resolver coisas.

David Bohm.[1]

A noção de diálogo incluída na epígrafe traduz um fluxo de significados (*dia-logos*). Ela é fruto da observação do autor da frase acerca da forma como algumas tribos indígenas desenvolviam seu processo de tomada de decisão coletiva. Como se pode depreender da leitura daquele parágrafo, o diálogo é fundamental para que a liderança aconteça e permita a coincidência de eventos na ação de um grupo em que algo mais do que a probabilidade ou o acaso estejam presentes. A interação coletiva flui plena de significados, parecendo auxiliada por mãos invisíveis que, em sincronia, conduzem o grupo para seus objetivos. Esta é a essência da liderança como será abordada neste livro: "todos pareciam saber o que fazer, porque entenderam tão bem uns aos outros".

A força do pensamento coletivo, mediada pelo diálogo, é que faz com que as coisas aconteçam; isso é a liderança. É a capacidade humana de inteligência coletiva de gerar ideias e coordenar uma ação conjunta. A identidade coletiva é um conceito amplamente discutido em trabalhos da sociologia clássica: *Consciência coletiva*, de Durkheim; *Consciência de classes*, de Marx; *Gemeinschaft*, de Tonnie. A noção de pertencer a um grupo que enfatiza as similaridades, atributos, valores e sentido (missão/visão) compartilhados faz que esse grupo manifeste tais características como naturais ou essenciais, o que permite aos atores sociais construir um senso de identidade coletiva. Estudos recentes da identidade coletiva promovem

1 BÖHM, D. *On dialogue*. In: SENGE, P. M. The fifth discipline: the art and practice of the learning organization. New York: Doubleday/Currenay, 1990.

a ideia de uma construção social da identidade como base mais plausível para o autoconhecimento coletivo. Nesse sentido, a liderança seria uma construção social da realidade.[2] O diálogo melhora as organizações, facilita a comunicação, ajuda a construir consensos para a resolução de problemas.

É preciso destacar que um dos documentos mais importantes da democracia moderna, a Declaração de Independência dos Estados Unidos, referência para a Constituição daquele país, começa com a frase: "Nós, **o povo** dos Estados Unidos da América...". A mensagem é clara: o poder emana do coletivo e não do rei, do presidente ou do líder de plantão. São os conceitos que lideram; as pessoas se referenciam nesses conceitos, a eles são leais e com eles são comprometidas. Pessoas impõem respeito, temor, reverência, mas não necessariamente inspiram comprometimento. Então de que tipo de líder se está falando neste livro? Pode ser o presidente ou o diretor da organização, assim como pode ser o porteiro ou o vigia de uma fábrica. Suponha-se que este, às três horas da manhã de 1º de janeiro, se defronte com um problema extremamente complicado. Ele terá duas opções de conduta: ou telefonará para o seu superior imediato para pedir orientação ou resolverá o problema sozinho. Ligar para o superior naquele horário e dia não adiantará muito porque o chefe possivelmente estará alheio pela euforia da data e hora. Porém, se o vigia tiver sido treinado corretamente; souber o que a empresa é (missão) e para onde ela quer ir (visão); conhecer aquilo que a organização valoriza e no que crê (valores); se lhe tiverem sido dadas autonomia e autoridade para decidir, então ele estará apto a resolver sozinho o problema de tal maneira que poderá até estar salvando a organização ou sua imagem de transtornos futuros graves. Se assim fizer, naquele momento ele será o líder daquela organização. É desta liderança que o livro se ocupa: da liderança que perpassa a organização; da liderança que está presente mesmo quando o topo da pirâmide não está presente; do compromisso de todos com os conceitos básicos da organização; de criar condições para que as pessoas possam ir mais longe do que poderiam, estando ou tentando fazer as coisas sozinhas. Trata-se de um processo dinâmico em que um grupo de líderes usa suas experiências e habilidades para dar respostas ao conjunto de demandas da governança de uma organização complexa; essas respostas vêm de uma rede interativa formada pelos membros da organização. Como já se viu, trata-se de uma abordagem contrária à visão do líder individual heroico. São equipes de líderes que compartilham decisões. Líderes estão mudando sua forma de comandar as organizações, num ambiente em que autores de língua inglesa

---

2 CERULO, K. A. Identity construction: new issues. *New Directions Journal*, Annual Review of Sociology, v. 23, 1997.

chamam de mundo VUCA – abreviação para descrever o ambiente organizacional do século XXI: volátil (*volatility*); incerto (*uncertain*); complexo (*complexity*); e ambíguo (*ambiguity*). Cada vez fica mais evidente que o que se necessita para as organizações do século XXI é a liderança em rede, ou compartilhada, onde líderes passam a ter um papel de influenciadores, direcionando suas ações para otimização de resultados para todos os grupos de interesse, ao contrário do modelo tradicional de maximização do interesse de apenas um desses grupos: dos sócios e seu lucro.[3]

Uma nação é tão forte quanto seja o respeito à sua Constituição, porque é nela que estão registrados seus valores. E o povo se referencia na Constituição para os atos do dia a dia; e as coisas acontecem em um país de maneira mais ordenada e produtiva quanto mais as leis emanadas da Constituição forem respeitadas e cumpridas. Não é o respeito pelo poderoso de plantão ou o temor ao ditador do momento, nem o fascínio pelo sedutor mais audaz, que faz com que as pessoas cumpram seus deveres cidadãos, mas sim o respeito à ordem estabelecida a partir da Lei Maior, em que a hierarquia de conceitos define valores da nacionalidade, dos quais derivam os princípios e, a partir destes, as normas infraconstitucionais que regem a sociedade. São conceitos que promovem o ordenamento das coisas no grupo humano, e não pessoas ou o poder delas. "O poder democrático deve primar pela constância, pela previsibilidade e pela serenidade. Sem isso os cidadãos, as empresas e as instituições não têm parâmetros para prosperar."[4]

Embora esta seja a mensagem principal do livro, é bom alertar o leitor de que, obviamente, nem todos veem a liderança desse jeito. O estilo de liderança prevalente nas organizações é a tradicional forma de dar orientações claras e manipulação bem-intencionada para conseguir que as pessoas trabalhem na direção da consecução de um objetivo comum. Isso está baseado numa visão de mundo individualista e não sistêmica.[5]

Quando se fala em liderança, vem logo à cabeça de muitos a figura do líder carismático, messiânico ou salvador da pátria. A nossa sociedade gosta de criar heróis e superestimar o valor de um indivíduo, mitificando-o; parece que isso lhe dá segurança, na dependência ao mito.[6] Aquela pessoa que resolve tudo, que é responsável por tudo e em cuja ausência nada acontece só existe no realismo

---

3 Thomas Eckschmidt, cofundador do Instituto Capitalismo Consciente Brasil e coautor do livro *Fundamentos do Capitalismo Consciente*.

4 BUCCI, E. TV Brasil: pública, estatal ou governamental? *O Estado de S.Paulo*, São Paulo, p. A2, 22 set. 2011.

5 SENGE, P. M. *The fifth discipline*: the art and practice of the learning organization. New York: Doubleday/Currenay, 1990.

6 Ver Capítulo 14.

fantástico e na mente daqueles que se locupletam afagando personalidades vaidosas, ou nas próprias personalidades vaidosas. Quantas vezes já se ouviram expressões do tipo: "Sem mim nada acontece nesta organização; tudo para". Tais pessoas pensam estar exaltando suas competências e realçando o fato de que são imprescindíveis. Nada mais falso e deturpado. Às vezes, a dependência nada mais é do que a justificativa para, inconscientemente, criar o caos na organização, que, então, "necessita" do líder para "sobreviver". Esse líder emerge na crise para "salvar" a organização, e aí as crises se sucedem para que ele possa sempre emergir como o "salvador". As crises se repetem e até se perpetua um estado de crise endêmica que justificará sempre a necessidade do "pai de todos" para trazer estabilidade. Se a organização depende de uma pessoa para sobreviver, estará mal durante sua ausência. Logo, organizações de sucesso não dependem de um líder para sobreviver, mas de um sistema de liderança forte, que tem no líder seu principal executor, defensor e disseminador. São sistemas fortes de liderança que fazem instituições fortes; líderes fortes e autoritários fazem ditaduras dentro das organizações e nas nações.

Em momentos de crise ou de transição, pode ser importante a presença do líder carismático e forte que, simbolizando os ideais do grupo, os ajude a transpor a turbulência. Uma das tarefas dos líderes consiste em ajudar a organização a fazer frente a uma situação de crise e, a partir daí, definir uma visão de futuro.[7] As crises se caracterizam pela ausência de referências para o grupo ou para as pessoas em crise. Nessa situação, o líder pode personificar as referências das quais o grupo sente falta; ele passa a ser a referência. É para esses momentos que vale a etimologia da palavra **liderar** com o significado de "conduzir"; nesse caso, o líder seria quem conduz o grupo para superar a turbulência do momento de crise. Uma vez superada a crise, a organização necessitará de outra forma de condução; a estabilidade que se opõe à crise demanda outra abordagem em sua governança. A estabilidade exige como referência não uma pessoa, mas sim um conjunto de conceitos com os quais as pessoas possam se identificar e se comprometer. Porque se as pessoas são a referência, algum dia elas defraudarão os referenciados; elas poderão não estar presentes por motivo de férias, doença, viagens ou morte; elas poderão causar desilusão ou abandono. Nesse caso, como se comportará a organização que perdeu sua referência ou está temporariamente privada dela? Instalam-se a insegurança, a incerteza e tudo o mais que conduzirá a organização para a crise. Nesse momento, surgem os líderes carismáticos, que

7 KHURANA, R. The curse of the superstar CEO. *Harvard Business Review*, 80, n. 9, set. 2002.

ocupam espaços e se impõem à organização. Eles assumem o papel de serem a única referência da organização. Eles serão necessários enquanto perdurar a situação de crise ou transição, mas, uma vez cessada, tais líderes já não serão mais úteis e precisarão ser substituídos por algo mais duradouro e estável – ou seja, uma liderança baseada em conceitos que dará estabilidade à organização. Os conceitos de que se fala aqui são os valores, a missão, a visão, as políticas básicas e o conteúdo filosófico da gestão. É no sistema de liderança e na cultura da excelência que se define a identidade da organização, a qual será base para o seu processo de planejamento e gestão estratégicos. Os valores, a missão e as políticas básicas (ou gerais) da organização devem definir o que ela realmente é no presente; e a visão, o que ela quer ser no futuro. A gestão estratégica está relacionada com os propósitos, significados, valores e virtudes da organização e, nesse sentido, constitui a sua base filosófica.

Cada vez com mais frequência, consultores e pesquisadores, sobre temas administrativos, usam a palavra **carisma** para tentar definir essa qualidade indefinível que crescentemente se procura como competência para os executivos modernos. Em seu uso comum, a palavra se tornou sinônimo para uma variedade de expectativas imprecisas associadas com a liderança em organizações. Tornou-se comum, ao se falar das competências de um líder, mencionar não uma capacitação técnica específica, mas sim a habilidade de motivar pessoas; de infundir-lhes energia; tirá-las da letargia; eliminar seu ceticismo quanto aos papéis que lhes cabem nas organizações; aumentar sua autoestima; acalmá-las quando a organização está dominada por ansiedade coletiva; e unificar os interesses quando grupos e alinhamentos de política interna da organização as dividem. Ora, ninguém consegue isso. A motivação, a autoestima ou a falta destas e de outras manifestações similares da dificuldade humana não vêm de fora para dentro; elas têm de vir de dentro dos indivíduos. O máximo que a organização pode fazer é criar condições para que as manifestações inerentes ao ser humano emerjam e se manifestem livremente. Essa é uma das grandes tarefas dos líderes: criar condições na organização para que o potencial humano e profissional se manifeste.

Brad Agle, da Universidade de Pittsburgh, ao comentar pesquisa feita com 770 executivos de 128 companhias norte-americanas, afirmou: "Ao contrário do que prega o senso comum, não há relação entre o carisma do presidente e o desempenho da companhia que ele comanda". E continua: "Há uma relação entre o carisma dos presidentes e os resultados financeiros apenas no curto prazo, mas não em períodos superiores a cinco anos". Agle acredita que o carisma pode se tornar um problema na medida em que "um presidente reconhecido como carismático pode ser levado a mudar a estratégia da empresa por vaidade, apenas para manter sua imagem". Essas pessoas, diz ele, "podem acabar mais envolvidas com relações públicas e projetos que lhes tragam notoriedade, como fusões e aquisições, do que de fato tocar a companhia".[8]

Carlos Alberto Sicupira, um dos controladores da ABInBev e presidente do Conselho de Administração das Lojas Americanas, diz que,

> em minha definição de boa liderança, a palavra carismático não aparece; prefiro o líder que entrega ao que tem carisma: carisma pode ser muito bom para um programa de televisão ou para ser político. O desafio de qualquer empresa é fazer tudo dar certo sem a necessidade de uma pessoa específica estar lá; o desafio é institucionalizar as coisas.[9]

Peter Drucker, em uma de suas últimas entrevistas, meses antes de morrer, disse estar convencido que o século XX teve mais carisma do que necessitava e que pagou um preço alto demais por isso. Ele citou os milhões de mortes atribuídas a alguns dos ditadores mais famosos do século que, com seu carisma, arrastaram nações inteiras em aventuras militares, políticas ou sociais, que não raro acabaram em genocídios.

De certa forma, também é isso que expressa o professor da Harvard Business School, Joseph L. Badaracco Jr., quando diz que "os líderes verdadeiros resolvem problemas difíceis de várias maneiras e quase sempre sem estardalhaço".[10] Quem faz as coisas acontecerem não precisa aparecer como executor ou idealizador delas; os vaidosos é que sentem a necessidade de aparecer e ser incensados para compensar suas inseguranças. Os líderes maduros atuam e deixam sua marca de realizações; e o fazem modesta e humildemente, reconhecendo e destacando (sem falsa modéstia) a ação coletiva dos grupos com quem trabalham. A visão heroica da liderança tende a colocar as pessoas em uma pirâmide: no topo, as grandes figuras; na base, o oposto. E onde ficam os demais? A maioria das pessoas normalmente não está salvando o mundo ou o explorando; está apenas vivendo sua vida, trabalhando e cuidando daqueles que lhes são próximos. Nessa mesma linha, pode-se citar texto atribuído ao filósofo chinês Lao-Tsé que, já no século VI a.C., teria dito: "é melhor quando as pessoas mal percebem que o líder existe; não tão bom quando as pessoas o obedecem e aclamam; pior quando o

8 *Exame*, p. 93, 10 mar. 2010.

9 *Exame*, p. 124, 24 mar. 2010.

10 BADARACCO JR., J. L. *Leading quietly*: an unorthodox guide to doing the right thing. Boston: Harvard Business School Press, 2002.

desprezam... Mas de um bom líder, que fala pouco quando sua tarefa é concluída, seu objetivo alcançado, as pessoas dirão: 'nós mesmos fizemos'."

Albert Schweitzer escreveu em sua autobiografia sobre a importância das pessoas:

> De todo empenho humano dirigido para grandes ideais, apenas uma pequena fração se manifesta em ação. Todo o resto dessa força deve se contentar com pequenas e obscuras realidades. Contudo, a soma dessas realidades é milhares de vezes mais forte do que os atos daqueles que receberam reconhecimento público. Estes, quando comparados com aqueles, são como a espuma nas grandes ondas do oceano profundo.[11]

Embora radical, essa afirmação induz a depreciar o papel das grandes figuras nos acontecimentos do mundo, valorizando em contrapartida a soma das "pequenas e obscuras realidades". Essa é uma visão de liderança substancialmente diferente da tradicional. Não se está falando de anti-heróis, mas dos não heróis; daqueles que, muitas vezes, são responsáveis pelos fatos que permitem aos heróis aparecerem e receberem as glórias. Encarando a liderança sob uma perspectiva mais ampla, podem-se ver pessoas que nada têm de heróis, mas que estão resolvendo problemas e contribuindo para um mundo melhor nas suas "pequenas e obscuras realidades", e por isso são líderes de muito sucesso em determinado momento e lugar.[12]

O sucesso nas organizações exige "compactos de liderança", envolvendo superiores e subordinados dispostos a dar o máximo de si para o êxito de todos. Treinadores de equipes de futebol sempre pedem a seus jogadores que formem compactos dentro do campo; ou seja: que pelo menos três jogadores estejam próximos uns dos outros de maneira a dominar o setor do campo onde estejam com a bola. Os líderes heroicos têm sido substituídos por um conceito de liderança compacta que pressupõe a delegação de poderes e conta com o entendimento e a participação de todos.

Com muita frequência, confundem-se as definições de valores, missão, visão, objetivos e filosofias das organizações. Indiferentemente dos nomes que se deem a esses conceitos, o importante é que eles estejam presentes na base da liderança das organizações. E que haja perfeita compreensão do que significam

---

11 Médico missionário que passou a maior parte da sua vida na África Central, cuidando de leprosos e outros doentes, feito pelo qual recebeu o prêmio Nobel da Paz de 1952.

12 BADARACCO JR., 2002.

e, principalmente, que sejam praticados por todos, sobretudo pelos líderes, não sendo "letra morta" para ser exposta nas paredes, folhetos ou descansos de tela dos computadores. É importante ressaltar que tais conceitos estão presentes em todas as organizações. O que o modelo e este livro preconizam é que eles sejam explicitados com clareza, honestidade e transparência, e que estejam presentes na conduta de todos dentro da organização. É preciso que, por meio de reflexão da alta cúpula, surjam os conceitos prevalentes na organização e sejam disseminados para todos os níveis hierárquicos. Numa organização nova, é aconselhável que a alta administração inclua no seu plano de negócios essas definições, para que o empreendimento já se inicie com diretrizes claras para todos os membros que venham a se agregar ao projeto. Estas são definições da cúpula e não da base da pirâmide hierárquica; a base deverá identificar-se com os conceitos se desejar continuar prestando seus serviços à organização – caso contrário, não tem porque estar ali.

Por fim, é importante notar que no contexto deste livro não importa a interminável discussão sobre se os líderes podem ser treinados ou se já nascem feitos; ou sobre teorias que procuram explicar o papel que eles desempenham nas organizações como motivadores, inspiradores, sedutores, manipuladores ou qualquer outra qualidade que tenha sido atribuída aos líderes ao longo dos anos e de inúmeras publicações. Nesse sentido, o conteúdo do livro pode ser interpretado como contrário à corrente prevalente na literatura sobre liderança; mas esse é de fato o propósito. Não para causar polêmica ou para provocar reações, e sim por ser fruto de convicção profunda no sentido de que é preciso mudar o conceito de liderança para que as organizações modernas consigam responder à complexidade do mundo atual. Para as organizações evoluírem no século XXI, a liderança precisará perpassar a organização e marcar presença em cada uma de suas unidades, por menos importante que possam parecer. A liderança não está no topo da pirâmide hierárquica, mas impregnada na cultura organizacional, independentemente da presença ou da ausência momentânea dos líderes.

Segundo a Fundação Nacional da Qualidade (FNQ):

> A liderança deve ser entendida como um conjunto de práticas e ações em todos os níveis da organização, e não apenas a manifestação exclusiva e pessoal de um único executivo do escalão superior. A organização voltada para a excelência busca o engajamento de todos os líderes, para que eles possam sensibilizar todos os demais colaboradores. (...) Os líderes devem (...) ter comportamento ético e habilidade de negociação; liderando pelo exemplo.

O modelo de gestão da FNQ, e de outras entidades similares que estimulam a excelência na gestão das organizações em todo o mundo,[13] e que serve de base referencial para este livro, considera importantes três itens para a boa prática da liderança: o sistema de liderança, o estímulo e a definição de uma cultura de excelência, e o preparo da liderança para fazer análise crítica do desempenho global. Eles se constituem nas três seções do livro. Nelas estão presentes os conceitos que se pretende passar aqui, de como operacionalizar as ações de liderança; de como estruturar a liderança em uma organização; e de como treinar e preparar novos líderes. É por meio desses itens que o leitor saberá como estruturar a liderança na sua organização. Aqui estão exemplos e requisitos para uma efetiva liderança coletiva, mais do que a ação dramática e heroica dos líderes tradicionais. São sugeridos os passos que devem ser seguidos para que a liderança funcione como uma ação coletiva. Quase se pode dizer que o leitor encontrará neste livro o passo a passo de "como fazer". Liderança, na prática, conforme enfocada neste livro, resume-se na definição, na implantação e na operacionalização de um sistema de liderança e no esforço para definir e monitorar uma cultura organizacional voltada para a excelência.

Na primeira seção, serão vistos aspectos ligados à liderança formal dentro de uma organização, ou seja, num sistema de liderança. Na seção seguinte, serão focados os aspectos mais informais da liderança, que constituem a cultura organizacional, que se espera esteja voltada para a excelência. E, na terceira seção, serão apresentados elementos para realizar a análise crítica do desempenho global da organização, tarefa fundamental da liderança.

13 Por exemplo: European Foundation for Quality Management; Malcolm Baldrige Quality Management Award, entre outras entidades.

SUMÁRIO

PARTE 1

SISTEMA DE LIDERANÇA

O sistema de liderança organiza a parte formal da liderança: como ela é estruturada e executa formalmente suas tarefas. Tal sistema deve basear-se em princípios organizacionais que apoiem as decisões e permitam guiar a organização. Deve também abranger todos os líderes da organização, mesmo aqueles de equipes pequenas, perenes ou temporárias, inclusive as fora da estrutura hierárquica. É nele que se define como a liderança é exercida na organização de modo a promover a orientação e o direcionamento para seus objetivos.[1] De nada adianta treinar e treinar líderes se a organização não tiver um sistema de liderança definido capaz de integrar todos os seus conceitos de liderança numa proposta coerente. O treinamento deve ser alinhado com um sistema definido do que signifique liderança naquela organização.

O sistema de liderança é definido no nível estratégico; é, portanto, uma decisão que vem de cima para baixo, sem participação dos níveis operacionais. Contudo, o sistema não terá força sem ampla disseminação e apropriação dos conceitos básicos em todos os níveis da organização, incorporando-os e praticando-os no dia a dia, a partir do exemplo da alta cúpula. O sistema de liderança abrange alguns dos temas abaixo:

- a estrutura formal da liderança na organização, os principais líderes e como eles são identificados e educados;
- as competências, atitudes e habilidades da liderança para lidar com o poder, comunicar-se, negociar e definir a própria sucessão;
- a gestão dos riscos aos quais a organização está exposta;
- o modo como a liderança participa da formulação de estratégias e da busca de oportunidades futuras para a organização;
- finalmente, como a organização aprende com a análise dos próprios processos de liderança.

1 FUNDAÇÃO NACIONAL DA QUALIDADE (FNQ). *Liderança*. São Paulo: Fundação Nacional da Qualidade, 2007. (Série Cadernos de Excelência).

A Fundação Nacional da Qualidade (FNQ) identifica seis componentes na definição do sistema de liderança. São eles:

- exercício da liderança;
- governança;
- gestão dos riscos organizacionais;
- tomada, comunicação e implementação de decisões;
- identificação e desenvolvimento de líderes potenciais; e
- avaliação e desenvolvimento de líderes.[2]

Um sistema de liderança que leve a organização ao sucesso requer uma planificação racional da ação (paradigma racionalista) e a habilidade para criar condições para implantação de um projeto coletivo (paradigma empírico). No paradigma racionalista, os diferentes papéis dos líderes podem mobilizar uma equipe de trabalho e orientar suas ações para alcançar os objetivos da organização; no empírico, é o domínio das técnicas de influência que permite aos líderes a criação de uma cultura organizacional, tendente à excelência.

No sistema de liderança devem ser considerados os seguintes elementos: a governança; o gerenciamento de riscos; o poder; as competências da liderança; a comunicação e, principalmente, as reuniões; o processo de tomada de decisões; a negociação como ferramenta de atuação da liderança; a preocupação com a sucessão; e a estrutura organizacional. Esses são os elementos que o leitor deverá desenvolver ou implantar dentro de sua organização se quiser começar a trabalhar o conceito de liderança dentro dela.

2 FUNDAÇÃO NACIONAL DA QUALIDADE (FNQ), 2007.

1

GOVERNANÇA

De acordo com o Instituto Brasileiro de Governança Corporativa (IBGC), **governança** é o sistema pelo qual as empresas e demais organizações são dirigidas e monitoradas envolvendo os relacionamentos entre seus grupos de interesse.[1] Os princípios e práticas da boa governança se aplicam a qualquer tipo de organização, independentemente do porte, natureza jurídica ou tipo de controle. Este conceito engloba, além das organizações empresariais, também as do terceiro setor, cooperativas, estatais, fundações e órgãos governamentais. O que caracteriza a governança é o equilíbrio de poderes dentro da organização, ou seja, que ela não esteja submetida ao poder discricionário de uma pessoa ou de um grupo. Haverá sempre um poder moderador a se contrapor à discricionariedade individualizada. Também se destaca como característica da governança a importância da transparência das organizações com todos seus grupos de interesse.

1.1 Origens da governança

O conceito de governança está ligado, em sua origem, à teoria do agente principal. Em 1976, Jensen e Meckling publicaram estudos feitos com empresas norte-americanas e britânicas, e, nesse estudo, chamaram atenção para o problema do agente-principal, que deu origem à **teoria da firma** ou **teoria do agente-principal**. Segundo essa teoria, o agente-principal surge quando um sócio (principal) contrata outra pessoa (agente) para que administre a empresa em seu lugar.[2]

De acordo com essa teoria, os executivos e conselheiros contratados pelos acionistas tenderiam a agir de forma a maximizar seus próprios benefícios

1 INSTITUTO BRASILEIRO DE GOVERNANÇA CORPORATIVA (IBGC). Disponível em: <http://www.ibgc.org.br/index.php/governanca/governancacorporativa>. Acesso em: fev. 2018.

2 JENSEN, M.; MECKLING, W. Theory of the firm: managerial behavior, agency costs and ownership structure. *Journal of Financial Economics*, v. 3, n. 4, p. 305-360, 1976.

(maiores salários, maior estabilidade no emprego, mais poder etc.), agindo em interesse próprio e não segundo os interesses da empresa, de todos os acionistas e demais partes interessadas (*stakeholders*). Para minimizar o problema, os autores sugeriram que as empresas e seus acionistas deveriam adotar uma série de medidas para alinhar interesses dos envolvidos, objetivando, acima de tudo, o sucesso da empresa. Para tanto, foram propostas medidas que incluíam práticas de monitoramento, controle e ampla divulgação de informações. A este conjunto de práticas convencionou-se chamar de **governança corporativa**. É preciso observar, contudo que, frequentemente, a palavra **governança** é mal utilizada, tendo seu uso sido banalizado de forma a afastá-la do verdadeiro sentido que hoje é, às vezes, erroneamente designada quase como sinônimo de liderança.

Ao longo do século XX, a economia dos diferentes países tornou-se cada vez mais marcada pela integração aos dinamismos do comércio internacional, assim como pela expansão das transações financeiras em escala global. Neste contexto, as empresas foram objeto de sensíveis transformações, uma vez que o acentuado ritmo de crescimento de suas atividades promoveu uma readequação de sua estrutura de controle, decorrente da separação entre a propriedade e a gestão empresarial. A origem dos debates sobre governança remete a conflitos inerentes à propriedade dispersa e à divergência entre os interesses dos sócios, executivos e o melhor interesse da empresa. Isso se torna particularmente importante no caso de empresas que tenham ações em bolsa quando os potenciais acionistas e o público interessado precisam confiar que a empresa esteja em mãos de pessoas cujo principal interesse seja a organização, isto é, dos acionistas. A transparência, nesse caso, é fundamental para que todos os agentes involucrados com a empresa, acionistas ou não, tenham seus interesses preservados.

Como se viu acima, a vertente mais aceita para explicar o surgimento do conceito de governança indica que ela apareceu para superar o "conflito de agência" clássico. Nesta situação, podem surgir divergências no entendimento de cada um dos grupos daquilo que consideram ser o melhor para a empresa e que as práticas de governança buscam superar. Este tipo de conflito é mais comum em sociedades como os Estados Unidos e Inglaterra, onde a propriedade das companhias é mais pulverizada.[3] No Brasil, em que a propriedade concentrada predomina, os conflitos se intensificam à medida que a empresa cresce e novos sócios, sejam investidores ou herdeiros, passam a fazer parte da sociedade. Neste cenário, a governança também busca equacionar as questões em benefício da

3 JENSEN; MECKLING, 1976.

empresa. Neste contexto, a governança busca equacionar as questões em benefício da empresa. A preocupação da governança corporativa é, portanto, criar um conjunto eficiente de mecanismos, tanto de incentivos quanto de monitoramento, a fim de assegurar que o comportamento dos administradores esteja sempre alinhado com o melhor interesse da empresa.

As boas práticas de governança convertem princípios básicos em recomendações objetivas, alinhando interesses com a finalidade de preservar e aumentar o valor da organização no longo prazo, facilitando seu acesso a recursos e contribuindo para a qualidade da gestão da organização, sua sustentabilidade e o bem comum. O desafio na prática da governança é, portanto, criar um conjunto eficiente de mecanismos, tanto de incentivos quanto de monitoramento, a fim de assegurar que o comportamento dos administradores esteja sempre alinhado com o melhor interesse da organização.

1.2 Princípios da governança

Para ser eficiente, o conjunto de mecanismos referido acima deve se basear em uma série de princípios básicos, destacados a seguir.

1.2.1 Equilíbrio de poderes

- Quem são as partes interessadas na organização?
- Existem órgãos com poderes equivalentes que garantam não estar nas mãos de uma só pessoa ou grupo as decisões definitivas?
- Isso está claro para todos?
- Todos entendem como funcionam os poderes dentro da organização?
- Como é assegurado o equilíbrio de poderes?
  - Por decreto?
  - Regulamentos internos?
  - Pela prática? Como?

1.2.2 Participação

- Há liberdade de expressão e de associação?
- Existem regulamentos claros e específicos que garantam a participação de todas as partes interessadas?

1.2.3 Estado de Direito

- Há uma estrutura regulatória justa que se aplique a todos independentemente de poder, classe social, profissão, raça, sexo ou conexões internas.
- Existem ferramentas que garantam total proteção dos direitos de todos, pertençam as pessoas a maiorias ou a minorias sociais, sexuais, religiosas ou étnicas.

1.2.4 Transparência

- Mais do que "a obrigação de informar", a administração deve cultivar o "desejo de informar", sabendo que da boa comunicação interna e externa, particularmente quando espontânea, franca e rápida, resulta um clima de confiança, tanto internamente, quanto nas relações da organização com terceiros.
- A comunicação não deve restringir-se ao desempenho econômico-financeiro, mas deve contemplar também os demais fatores (inclusive imponderáveis) que norteiam a ação organizacional e que conduzem à criação de valor.

1.2.5 Responsabilidade

Os agentes da governança devem zelar pela viabilidade econômico-financeira das organizações, reduzir as externalidades negativas de suas operações e aumentar as positivas, levando em consideração, no seu modelo de negócios, os diversos recursos (financeiro, material, intelectual, humano, social, ambiental, reputacional etc.) no curto, médio e longo prazo.

- As instituições e a forma como elas procedem devem ser desenhadas para servir aos membros da sociedade como um todo. É o caso da sua organização?
- Os processos das instituições devem ser desenhados para responder às demandas da sociedade. É o caso da sua organização?

1.2.6 Equidade

- Caracteriza-se pelo tratamento justo e isonômico de todas as partes interessadas, levando em consideração seus direitos, deveres, necessidades, interesses e expectativas.
- As decisões devem assegurar que todos os membros da organização sintam que fazem, igualmente, parte dela.

1.2.7 Efetividade e eficiência

- A boa governança deve garantir que os processos produzam resultados que vão ao encontro das necessidades da organização, fazendo o melhor uso possível dos recursos à sua disposição.
- Isso implica também que os recursos naturais sejam usados sustentavelmente e que o ambiente seja protegido.

1.2.8 Prestação de contas (*accountability*)

Os agentes de governança devem prestar contas de sua atuação de modo claro, conciso, compreensível e tempestivo, assumindo integralmente as consequências de seus atos e omissões e atuando com diligência e responsabilidade no âmbito dos seus papéis. Filosofia não punitiva para erros; usá-los como oportunidades de melhoria.

- A organização é fiscalizável por seus grupos de interesse?
- Como é garantido esse direito a todas as partes interessadas?

1.2.9 Igualdade e inclusividade

- A boa governança deve assegurar igualdade de todos os grupos perante os objetivos da organização.
- As decisões devem assegurar que todos os membros da organização sintam que fazem parte dela e não se sintam excluídos.

1.2.10 Decisões orientadas para o consenso

As decisões por consenso são mais demoradas e mais difíceis de serem alacançadas, mas, ao final, a demora parece compensar por decisões mais fáceis de serem implantadas porque contam com o apoio de todos os envolvidos. Nas decisões por consenso, ao contrário das decisões por maioria, não há vencedores nem vencidos; uma vez chegado ao consenso, a decisão é de todos e ninguém poderá ficar na retaguarda aguardando algum problema para se manifestar com o famoso "eu disse que isso não daria certo". Ou pior, ficar na retaguarda sabotando a decisão ou se omitindo na sua implantação por não ter se apropriado dela.

- As decisões devem ser tomadas levando-se em conta que os diferentes grupos necessitam mediar seus interesses.
- Obtenção de concordância sobre qual é o melhor caminho para a organização como um todo.
- As decisões também devem ser tomadas levando em conta a forma como tal caminho pode ser trilhado.
- Essa forma de obter decisões requer uma perspectiva de longo prazo para que ocorra desenvolvimento sustentável.

1.3 Código das melhores práticas de governança corporativa[4]

Em 1992 foi publicado na Inglaterra o *Relatório Cadbury*, considerado o primeiro código de boas práticas de governança corporativa. No mesmo ano, foi divulgado um código de governança elaborado pela General Motors (GM) nos Estados Unidos, o primeiro feito por uma empresa privada. Pesquisa realizada nessa época revelou que mais da metade das 300 maiores companhias daquele país já tinham seus manuais de recomendações de governança corporativa. A Organização para a Cooperação e Desenvolvimento Econômico (OCDE) criou um fórum (*Business Sector Advisory Group on Corporate Governance*) para tratar do tema. Diretrizes internacionais passaram a ser consideradas na adequação de leis,

4 INSTITUTO BRASILEIRO DE GOVERNANÇA CORPORATIVA (IBGC). Disponível em: <http://www.ibgc.org.br/index.php/governanca/governancacorporativa>. Acesso em: fev. 2018.

na atuação de órgãos regulatórios e na elaboração de recomendações. Com o passar do tempo, verificou-se que os investidores estavam dispostos a pagar mais por empresas com boas práticas de governança e que não favorecessem apenas os interesses de seus proprietários, mas também a longevidade das empresas.

Discussões envolvendo acadêmicos, investidores e legisladores sobre teorias e marcos regulatórios ganharam corpo após escândalos contábeis envolvendo importantes empresas nos Estados Unidos. O tema ganhou ainda maior relevância a partir desses escândalos, desencadeando a partir da década de 1990, discussões sobre a divulgação de demonstrações financeiras e o papel das empresas de auditoria. O congresso norte-americano, em resposta às fraudes, aprovou a Lei Sarbanes-Oxley (SOx), buscando definir com clareza algumas práticas de governança corporativa.

No Brasil, o movimento por boas práticas mostrou-se mais dinâmico a partir das privatizações e da abertura do mercado nacional na década de 1990. Mais recentemente, mudanças no ambiente organizacional brasileiro, como o renascimento do mercado de capitais; o aparecimento de empresas com capital disperso, *startups* e *fintechs*; as fusões e aquisições de grandes companhias; o fechamento de empresas; as crises econômicas e os escândalos de corrupção trazem à tona algumas fragilidades das organizações e de seus sistemas de governança, reforçando a necessidade de adoção das boas práticas de governança corporativa. Essas práticas devem ser mediadas por conceitos éticos explicitados em códigos que orientem as condutas das pessoas nas organizações.

Em sua primeira versão, datada de 1999, o código das melhores práticas de governança corporativa do IBGC centrou-se, principalmente, no funcionamento, composição e atribuições do conselho de administração, refletindo claramente a tendência dominante na época. Dois anos depois, a segunda versão incluiu recomendações para os demais agentes da governança: conselho de administração, conselho fiscal, gestores, auditoria independente, além de abordar o princípio da prestação de contas (*accountability*). Já a terceira versão, de março de 2004, destacou-se por centrar na inclusão do princípio de responsabilidade corporativa. A intenção era atentar para a perenidade das organizações, contribuindo com valores e orientações de estratégia empresarial. É em meio a este cenário que teve origem o novo processo de revisão do código cujo resultado culminou com o lançamento de sua quarta versão, ocorrido em 2009, depois de quase dois anos de intenso trabalho de uma equipe formada por especialistas de diferentes segmentos de atuação. Atualmente, o código está em sua quinta versão.

2

GERENCIAMENTO DE RISCOS

Na vida das pessoas, assim como na das organizações, os atos e atividades por elas praticados implicam riscos. Dificilmente se fará alguma coisa na vida que não tenha algum **risco** de dar errado ou em desacordo com aquilo que foi planejado; o risco é inerente a qualquer atividade humana: impossível de ser eliminado. A palavra risco tem origem latina como em *riscum*, que traz implícito o conceito de ousar, *riscare*.

O conceito de risco envolve a quantificação e qualificação da incerteza. Fabe et al. definem risco como

> um evento futuro identificado, ao qual é possível associar uma distribuição de probabilidades de ocorrência; incerteza como um evento futuro identificado, ao qual não é possível associar uma distribuição de probabilidades de ocorrência; e ignorância como eventos futuros que no momento da análise, não poderão sequer ser identificados, muito menos quantificados (exemplo: eventos decorrentes de sistemas complexos como o climático – as consequências do aquecimento global são imprevisíveis).[1]

As classificações de riscos são englobados em dois grandes grupos: externos e internos. Como o próprio nome diz, os primeiros seriam advindos do ambiente externo sobre o qual, em tese, o gestor não tem capacidade de interferir; e os segundos estariam sob possível controle do gestor por estarem imbricados nas práticas da organização. Nesses dois grupos, os autores, em geral, englobarão algumas das denominações abaixo:[2]

1. Estratégicos;
2. De mercado;

---

1 FABER, M.; MANSTETTEN, R.; PROOPS, J. *Ecological economics*: concepts and methods. Reino Unido: Edward Elgar Publishing, 1998.

2 ZONATTO, V.C.S.; BEUREN, I.M. Categorias de riscos evidenciados nos relatórios da administração de empresas brasileiras com ADRs. *Revista Brasileira de Gestão de Negócios (RBGN)*, FECAP, 2010. Disponível em: <https://rbgn.fecap.br/RBGN/article/viewArticle/527>. Acesso em: fev. 2018.

3. De crédito;
4. De liquidez;
5. Operacionais;
6. Legais;
7. Ambiental;
8. Social;
9. Tecnológicos;
10. Cibernéticos (*hackers*);
11. De imagem.

"Quando investidores compram ações, cirurgiões realizam operações, engenheiros projetam pontes, empresários abrem seus negócios e políticos concorrem a cargos eletivos, o risco é um parceiro inevitável. Contudo, suas ações revelam que o risco não precisa ser hoje tão temido: administrá-lo tornou-se sinônimo de desafio e oportunidade."[3] Para minimizar efeitos dos riscos nas organizações, lança-se mão do gerenciamento de riscos; sua tarefa é minimizar os efeitos potencialmente danosos dos riscos nas organizações e permitir que a organização assuma riscos calculados, reduzindo a volatilidade de seus resultados e aumentando a previsibilidade de suas atividades. O gerenciamento de riscos é uma valiosa ferramenta da governança para proteger os ativos da organização. O gerenciamento dos riscos é fundamental para a sobrevivência das organizações hoje em dia.[4] Ele deve ficar atrelado à governança da organização porque riscos não administrados podem comprometer a imagem ou reputação das organizações. O dano causado à imagem ou reputação de uma organização, por algum evento adverso, pode ser de difícil resgate, portanto é fundamental que a alta cúpula esteja visceralmente involucrada com o gerenciamento de riscos a fim de evitar que tais danos ocorram. Também deve ter ficado claro ao leitor perspicaz que o gerenciamento de riscos está fortemente atrelado ao planejamento estratégico da organização.

O gerenciamento de riscos deve ser um processo contínuo que deve:

- fluir por toda a organização;
- ser conduzido pelos profissionais em todos os seus níveis;

---

3 BERSTEIN, P. *Against the gods*: the remarkable story of risk. 3. ed. New York: John Wiley & Sons, 1996. p. VII.

4 INSTITUTO BRASILEIRO DE GOVERNANÇA CORPORATIVA (IBGC). *Gerenciamento de riscos corporativos:* evolução em governança de estratégia. Série Cadernos de Governança Corporativa, 2017.

- estar atrelado às estratégias da organização e incluir a formação de uma visão de portfólio de todos os riscos a que ela esteja exposta;
- ser formulado de modo que identifique eventos em potencial, cuja ocorrência poderá afetar a organização, e que administre os riscos de acordo com o seu apetite a risco;
- deve ser capaz de propiciar garantia razoável para a governança da organização;
- estar orientado para à realização de objetivos em uma ou mais categorias distintas, mas dependentes.

Podem ser listados como benefícios da implantação de um sistema de gerenciamento de riscos:

- aumento da possibilidade de alcançar objetivos;
- estímulo à proatividade na gestão;
- conscientização para necessidades de identificar e tratar riscos em toda a organização;
- aumento da identificação de oportunidades e ameaças;
- satisfação de requisitos legais e regulatórios;
- melhora nos relatórios financeiros e na governança;
- aumento da confiança dos grupos de interesse;
- estabelecimento de bases confiáveis para tomada de decisão e planejamento;
- alocação e uso de recursos de maneira efetiva para o controle de risco;
- melhora da efetividade e eficiência operacional;
- melhora dos controles em geral.

2.1 Organização interna do gerenciamento de riscos

O gerenciamento de riscos corporativos (GRCorp) é um sistema que deve estar ligado ao planejamento da organização, formado por processos contínuos e estruturados e por uma estrutura de governança. Este sistema deve permitir à organização mapear oportunidades de ganhos, ao mesmo tempo em que reduz a probabilidade e o impacto dos erros. Neste sentido, deve orientar o apetite à tomada de riscos a fim de alcançar os objetivos da organização. O apetite a risco está ligado ao nível de risco que uma organização pode aceitar dentro dos limites de sua missão e visão, sendo, portanto, o grau de exposição aceitável na sua busca por resultados. Fazendo uma analogia com o mercado financeiro, pode-se dizer que há organizações (assim como investidores) mais conservadoras até as mais arrojadas dispostas a correr grandes riscos e aceitar possíveis perdas ou, na melhor das hipóteses, ganhos. Não deve ser confundido com a capacidade para o risco que é o impacto máximo de um risco que a organização pode aceitar sem comprometer sua sustentabilidade. Não confundir, tampouco, com exposição ao risco que é a possibilidade da organização ser impactada por um determinado risco.[5]

As funções de GRCorp devem ser descritas e divulgadas para serem de conhecimento de todas as partes interessadas. Três documentos constituem o núcleo central de um GRCorp: a política de gestão de riscos; a norma de gestão de riscos; e o código de conduta. Esses três documentos representam o conjunto de princípios e responsabilidades necessárias para a condução apropriada de um GRCorp.

Praticamente, todos os modelos sugeridos para fazer gerenciamento de riscos seguem os mesmos passos. Para estabelecer um GRCorp, geralmente, inicia-se pela identificação e classificação dos riscos. Estes, geralmente, podem ser de origem externa ou interna. Os externos, ou de ambiente, ocorrem independentemente da organização; acontecem de maneira alheia à ela. Entre os externos se podem citar: da concorrência; políticos; legais; de ataques cibernéticos (*hackers*); do mercado financeiro; desastres naturais, entre outros.

Já os internos, geralmente, dizem respeito aos processos da organização ou à sua capacidade de gestão financeira. Entre os internos se podem citar: recursos humanos; capacidade produtiva; acesso a matérias-primas e suprimentos; tecnologia da informação; obsolescência dos processos, produtos ou serviços; segurança e saúde, entre outros. Assim, também são considerados riscos internos os financeiros: liquidez; crédito; modelagem; câmbio; taxa de juros; inflação etc.

Após identificar e classificar, o passo seguinte, a avaliação visa saber o grau de exposição ao risco da organização (probabilidade de ocorrência e impacto do evento), a mensuração (quantificar as estimativas de perdas) e o tratamento dado ao risco, ou seja, posicionar a organização entre aceitar ou evitar o risco. Uma vez definido o posicionamento, a organização estará em condições de implantar a ação/procedimento retendo, reduzindo ou compartilhando o risco. Quando retém o risco, a organização o assume no nível atual conhecido de severidade (impacto e probabilidade). Ao decidir por reduzir o grau de severidade, fará o que for necessário para minimizar ou mitigar a probabilidade da ocorrência do risco e o seu impacto. Já o

5 IBGC, 2017.

compartilhamento é quando o risco é repassado parcialmente ou dividido com terceiros. Em seguida vêm o monitoramento e a comunicação dos riscos. Um dos objetivos do GRCorp é buscar o equilíbrio dos níveis de retenção, redução, exploração e transferência de riscos e que ele seja adequado ao apetite a riscos da organização.

Embora não seja um elemento de GRCorp, os acordos de Basileia devem ser citados aqui pelo alcance que têm sobre toda atividade econômica e também porque suas práticas podem servir de exemplo e inspiração para todos que trabalham com gerenciamento de riscos. O acordo de capital de Basileia, oficialmente chamado *International Convergence of Capital Measurement and Capital Standards*, e também denominado como de *Basileia I*, foi firmado em 1988, na cidade de Basileia (Suíça), por iniciativa do Comitê de Basileia e ratificado por mais de 100 países. Ele tem como objetivo criar exigências mínimas de capital, que devem ser respeitadas por bancos comerciais como precaução contra o risco de crédito. O Basileia I não conseguiu evitar inúmeras falências de instituições financeiras na década de 1990. Em 2004, o Comitê Basileia lançou um novo documento (Basileia II) que se fixa em três pilares: capital (guardar); supervisão (fiscalizar); transparência e disciplina de mercado (divulgação de dados). Novamente foi necessário rever os ditames de Basileia II devido à crise dos subprimes, e isto resultou no Basileia III, promovido por um fórum de estabilidade e pelo G-20 para reforçar o sistema financeiro. Esse sistema tem contribuído para a estabilidade da banca em todo o mundo.

No gráfico abaixo, estão representados os passos para implantação de um GRCorp:

GRÁFICO 2.1 – IMPLANTAÇÃO DE UM GRCORP

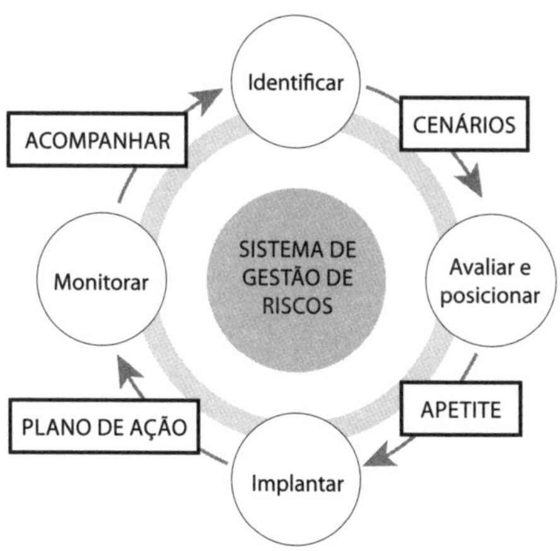

Fonte: adaptado de IBGC, 2017.

O COSO (*The Committee of Sponsoring Organizations of the Treadway Commission*) é uma entidade sem fins lucrativos, dedicada à melhoria dos relatórios financeiros por meio da ética, efetividade dos controles internos e governança corporativa. Ela definiu uma metodologia COSO para fazer gerenciamento de riscos que identifica os objetivos essenciais do negócio da organização e define controles internos; fornece critérios a partir dos quais os sistemas de controle podem ser avaliados; gera subsídios para que a administração, auditoria e demais partes interessadas possam utilizar, avaliar e validar os controles. O Relatório COSO de 1992, elaborado previamente pelos contadores profissionais dos Estados Unidos, estabelece padrões para que os controles internos assegurem operações eficientes, relatórios financeiros confiáveis e conformidade legal. Entre os aspectos de controles internos são descritos em detalhes a mitigação e o monitoramento dos riscos. Segundo o COSO, o gerenciamento de riscos corporativos requer:

- alinhar o apetite ao risco e à estratégia;
- aperfeiçoar as decisões de resposta ao risco;
- reduzir surpresas e prejuízos operacionais;
- identificar e administrar os riscos inerentes aos empreendimentos;
- fornecer respostas integradas aos diversos riscos;
- aproveitar as oportunidades;
- melhorar a alocação de capital.

3

O PODER

Poder fazer alguma coisa – essa é a essência do poder. Não é poder aparecer, parecer ou ter, mas *poder fazer acontecer*; realizar. O poder pode ser definido como a capacidade ou a potência para fazer algo; ou o domínio, império, faculdade ou jurisdição que alguém tem para mandar ou executar algo. A capacidade de influir na conduta de outras pessoas ou grupos. Formalmente, nas organizações se define como a capacidade que um cargo tem de admitir e demitir o ocupante de um cargo subordinado, este é o poder hierárquico ou formal. O poder é um fator-chave para a liderança e para a negociação. É um fenômeno muito estudado sem que se chegue a um consenso sobre o que seja exatamente. O que, enfim, alimenta no ser humano a busca pelo poder? Ele quase sempre está presente em qualquer interação entre duas pessoas e envolve fatores como maior remuneração, sobrevivência, imunidade, insegurança e até mesmo sadismo.

A fonte do poder real nas organizações parece estar ligada à capacidade de acesso a recursos e informação e à habilidade para repassá-los para os subordinados. Quando se fala em poder, muitos pensam em uma fonte emanada de algum mítico elemento carismático que seu detentor possui, e passam a validar o poder desse indivíduo. Portanto, o poder pode vir, e de fato vem, da forma como seus detentores são percebidos. Os líderes precisam ser reconhecidos pelos liderados, caso contrário não haverá poder; não haverá liderança. Isso se associa ao fato de que a maioria das pessoas precisa ter reconhecimento de si, de seus atos, de seus erros e acertos. Os indivíduos precisam de reconhecimento para fazer mais e melhor. No entanto, é preciso lembrar que apenas o reconhecimento não cria um líder ou um ser poderoso; serão necessárias outras características, vistas em outras partes deste livro, que comporão a figura de um líder.

É interessante notar o impacto que a palavra **poder** exerce sobre as pessoas. Aquelas que o têm negam; as que o querem fazem parecer que o desprezam; e as que com ele estão envolvidas parecem agir dissimuladamente. Pesquisa conduzida entre gestores brasileiros da área da saúde registrou em segundo plano o poder como um dos valores praticados por eles. Difícil compreender ou admitir que pessoas que dependam do poder para executar suas funções procurem negar sua importância ou necessidade.[1]

Às vezes há um componente narcisista na busca do poder pela circularidade das ações. As pessoas parecem querer provar que conhecem todo o processo; que dispõem de acesso a todas as informações; que têm os contatos que outros não têm, de forma que conseguem complementar todo o círculo de um modo que os outros são incapazes de fazer. Essa condição lhes dá a sensação de poder fazer, compreender, conhecer, influenciar como os demais não podem, por não serem iniciados no círculo de poder. Este é o indivíduo que quer parecer ser conhecido dos poderosos; ter acesso à informação de que nem todos dispõem; conhecer detalhes dos acontecimentos como nenhum do grupo, e assim por diante. Muitas vezes isso não passa de jogo de cena para tentar influenciar incautos, mas, no fim das contas, é algo efêmero. Porque é fácil perceber o "parecer" como principal componente desse comportamento, e não o "ser"; e, no fim, o simulacro se expõe e a verdade sempre aparece, a menos que os incautos também tenham medo de represálias que podem vir acompanhadas desses comportamentos. Nessas pessoas, é típico observar telefonemas ruidosos diante de ouvintes atônitos a serem impressionados; ou de simulações de conversas ao telefone com interlocutores inexistentes, mas cujos ouvintes circunstantes são induzidos a acreditar se tratar de alguém de reconhecida importância.

Nohria e Mayo[2] destacam a importância de sete fatores que teriam permitido, na sociedade norte-americana, acesso mais fácil aos caminhos do poder nos últimos cinquenta anos:

- local de nascimento;
- nacionalidade;
- religião;
- educação;
- classe social;
- sexo/gênero;
- etnia.

Na sua pesquisa, os autores citados acharam que o fator mais importante para acesso ao poder na sociedade dos Estados Unidos foi a educação. Naturalmente,

---

1 BURMESTER, H.; HAMAMOTO, R. S. Liderança baseada em valores. *Revista de Administração em Saúde*, v. 5, n. 18, jan./mar., 2003.

2 NOHRIA, N; MAYO, R. *Paths to power*: how insiders and outsiders shaped american business leadership, 2007.

tais características são levadas para dentro das organizações, e, principalmente nelas, manifestam-se como fontes de poder. Na sociedade brasileira, mais pluralista, miscigenada e menos homogênea em sua formação, não se pode dizer que esses fatores têm a mesma importância; embora sempre presentes aqui, não se manifestam com a mesma força como na sociedade norte-americana. Pode-se dizer que na nossa sociedade, com a economia em formação, as oportunidades seriam mais democratizadas e estariam mais abertas a quem se educar para conquistar espaços. Pode-se argumentar, contudo, que o acesso à educação não seja tão democratizado como as afirmações anteriores poderiam fazer supor.

Lawrence e Nohria[3] combinam conhecimentos das ciências sociais e biológicas para assentar as bases de uma teoria sobre a natureza humana que parece influenciar as reações ao poder. A ideia é que os seres humanos seriam influenciados e guiados por quatro direcionadores:

1. adquirir;
2. unir-se;
3. aprender;
4. defender-se.

O uso desses direcionadores faria com que as pessoas se posicionassem em relação ao poder, tanto para buscá-lo quanto para defender-se dele. Uma vez instaladas em seu trabalho, as pessoas buscam as outras para a elas unir-se, desenvolver compromissos e compartilhar preocupações. O direcionador de aquisição fará com que haja disputas pelos recursos sempre escassos das organizações. Com relação ao direcionador de defesa, os autores dizem que os grupos de trabalho devem ser providos com os meios para repelir ataques externos. Devem ter condições de pressionar por suas reivindicações legítimas e defender sua identidade e reputação. E o medo e a sobrevivência são necessidades importantes nessas considerações que fazem com que alguns indivíduos aceitem pressões indevidas. Por fim, o desejo de aprender leva as pessoas a se envolver com as organizações a ponto de se comprometerem com elas.

Frequentemente, relaciona-se o poder com fatores ligados à hierarquia, à família, ao trabalho, à política ou à condição militar; porém o poder vai além deles, uma vez que se podem identificar, segundo vários autores, os seguintes tipos:

---

3 LAWRENCE, P.; NOHRIA, N. *Driven*: how human nature shapes our choices. San Francisco: Jossey-Bass, 2002.

- coercitivo ou de punição;
- premiação ou gratificação;
- informação;
- normativo;
- conhecimento;
- carismático;
- econômico;
- relacional;
- afetivo;
- legitimado.

A aplicação desses tipos de poder se dá em qualquer condição e grupo social, político, de trabalho etc. No fundo, os grupos e as pessoas buscam satisfazer suas necessidades e prazeres e para isso buscam o poder que lhes dará o acesso aos meios de satisfazer seus desejos e/ou necessidades. É bastante conhecida a pirâmide proposta por Abraham Maslow,[4] que mostra graficamente em uma organização hierárquica como as necessidades seriam dispostas de maneira que as de nível mais baixo devem ser satisfeitas antes daquelas de nível mais alto. Nessa pirâmide, cada um teria de subir na sua hierarquia de necessidades para atingir a autorrealização. As cinco necessidades são assim descritas por Maslow:

- necessidades fisiológicas básicas, tais como a fome, a sede, o sono, o sexo e o abrigo;
- necessidades de segurança, que vão de sentir-se seguro dentro de casa até formas mais elaboradas de segurança, como um emprego estável, um plano de saúde ou um seguro de vida;
- necessidades sociais ou de amor, afeto, afeição e sentimentos de pertencer a um grupo;
- necessidades de estima, na qual se encontram o reconhecimento das capacidades pessoais dos indivíduos e o reconhecimento pelos outros da capacidade de adequação que se tem nas funções desempenhadas;
- necessidades de autorrealização, em que se procura tornar-se aquilo que se pode ser. É aqui, segundo Maslow, que as pessoas têm de ser

4 Psicólogo norte-americano conhecido por sua definição de hierarquia de necessidades das pessoas. Trabalhou no Massachusetts Institute of Technology (MIT), onde fundou um centro de pesquisas para estudar dinâmicas de grupo.

coerentes com aquilo que são na realidade. Nesta etapa, o indivíduo estaria em condições de exercitar seu poder plenamente reconhecido por seus pares. Esse reconhecimento é uma grande força motivadora.

FIGURA 3.1 – REPRESENTAÇÃO GRÁFICA DA HIERARQUIA DE PRIORIDADES DE MASLOW

Fonte: WIKIPEDIA. Disponivel em: <http://www.wikipedia.org/wiki/Hierarquia_de_necessidades_de_Maslow>. Acesso em: 06 abr. 2011.

Críticos da teoria de hierarquia de prioridades de Maslow dizem que é possível uma pessoa se autorrealizar sem ter conseguido satisfazer suas necessidades básicas. Há os que negam a existência de tal hierarquia ou acreditam que as necessidades humanas nem sempre se organizam dessa forma. Por outro lado, tambem há aqueles que falam até de um sexto nível na hierarquia: o espiritual. De qualquer modo, a teoria de Maslow, que a princípio circulou apenas entre psicólogos e como uma manifestação humanista desse autor, posteriormente foi incorporada no conceitual administrativo como uma ferramenta que ajuda a conhecer melhor as necessidades dos seres humanos e, portanto, seus posicionamentos diante do poder. São vários os usos que diferentes autores têm proposto para os conceitos contidos nessa teoria; aqui ela aparece como uma maneira de buscar entender as relações de poder dentro das organizações.

Existe uma infinidade de categorizações de poder. Todas elas são válidas e expressam mais ou menos as mesmas coisas com diferentes palavras. A lista abaixo, portanto, não tem nada de novo ou definitivo; ela apenas registra aquilo em que, de modo geral, todos os autores acreditam, mesclando aqui e ali os conceitos presentes na maioria das classificações de poder, encontrados em qualquer organização.

3.1 Poder coercitivo ou de punição

É o poder baseado na força. O relho sempre é uma ameaça temida. É o poder que se exerce sobre outra parte e que permite ao poderoso ser ameaçador, punitivo, coercitivo por meio de sanções, reprimendas, multas, ações legais, ruptura de relações, entre outros fatores. Este tipo de poder sempre cria ressentimentos; ele só existe porque alguém se submete a ele, sem, contudo, aceitá-lo completamente. O medo é uma reação humana natural diante da eminência, ou da suposição, de agressões físicas ou de outra natureza; portanto, ter medo das consequências do poder coercitivo não é descartável como uma variável da equação de poder. O que não se pode aceitar é o medo paralisante que impede o indivíduo de agir ou pensar. Diz-se que a dor é inevitável; aceitar o sofrimento é decisão de cada um. A liderança baseada neste poder está fadada ao insucesso no médio ou longo prazo. Não se deve confundir este tipo de poder com o normativo.

3.2 Poder de premiação ou gratificação

Baseia-se na recompensa de várias formas: econômica, incentivos, vantagens sociais, reconhecimento público, promoção hierárquica etc. Este poder cria uma relação de dependência que busca a gratificação e esta surtirá efeito se o indivíduo gratificado valorizá-la. Há os que se sentem recompensados com um sincero agradecimento; ou um olhar mais intenso; a outros lhes bastará uma placa; e há outro grupo, talvez em grande número, que só se sentirá recompensado com dinheiro ou outros bens materiais.

3.3 Poder da informação

Muito já se disse que informação é poder; talvez isso fosse mais verdadeiro antes da era digital. Hoje com a informação disponível aos borbotões e de acesso livre a todos, pensar que deter informação se configura como uma forma de poder seria ingenuidade. Todos têm acesso a quantidades fenomenais de informação e, portanto, só faz sentido compartilhá-las; mesmo porque, se a informação for escondida aqui, ela será facilmente descoberta ali e aquele que a quis esconder acaba por fazer papel de ridículo e ultrapassado. É por essa razão que, na atualidade, só faz sentido, e se configura em verdadeira manifestação de poder, o compartilhamento de informação para agregação de valores; compartilhar informação é poder. Saber filtrar a informação também é uma manifestação dessa forma de poder. Diz-se que no mundo moderno a capacidade de selecionar a informação que é importante se constitui no primeiro passo para diferenciação.

3.4 Poder normativo

É o que se aceita como norma legal, escrita ou não, mas que sempre é aceita e que geralmente influi no microentorno. É o poder da capacidade de gerar normas em determinados locais. O padeiro tem poder na sua padaria; o médico no seu consultório; o feirante na sua barraca; o facilitador durante a atividade de treinamento; e o professor na sala de aula. É obvio que este poder não é absoluto e tem de ser relativizado por limites impostos por outros poderes. Deve ser diferenciado do poder do especialista, cuja linha de fronteira com este é muito tênue.

3.5 Poder do conhecimento

Quem sabe, sabe! É o respeito de quem obedece ao saber; quem sabe, manda. Quem tem mais experiência e conhecimento, tem grande capacidade de influir e ditar as normas. Diz-se que o diabo sabe das coisas não porque é mais inteligente, mas porque é mais velho e mais experiente; é o poder da experiência. Ele foi mais válido na época em que os meios de produção eram dominados pelos artesãos; hoje, sua influência está relativizada pelo acesso universal à informação e pela incapacidade de uma só pessoa dominar todos os aspectos ligados aos processos de produção. Aqui se insere a discussão sobre quem deve liderar uma organização: aquele que conhece mais os processos de produção ou aquele que conhece mais sobre o processo de liderança. Peter Senge sugere "que os líderes não são mais os bravos cavaleiros que modelam organizações graças à força de sua personalidade. Agora se espera que os líderes aprendam juntamente com seus subordinados. Não se espera mais que saibam todas as respostas, e sim que procurem as melhores".[5] Também pode ser denominado o poder do saber.

3.6 Poder carismático

Ele existe; e o fato de este livro não valorizá-lo não implica que se possa negar sua existência e seu impacto nas sociedades de todos os tempos. É fundamentado na capacidade que algumas pessoas têm de persuadir por seus argumentos; na capacidade de seduzir pelo encanto e simpatia das abordagens. A palavra **carisma** em grego significa "graça". A legitimidade carismática se baseia na crença das qualidades fora do comum que alguém ("ungido pela graça") tenha: santo, profeta, chefe militar ou outro. O exercício desse poder depende da legitimação do grupo, que é temporária e menos estável do que outras formas de poder. Trata-se de uma habilidade escassa, difícil de aprender (embora possa ser aperfeiçoada), inata, poderosa e quase sempre utilizada em proveito próprio. Pode mobilizar forças muito poderosas e perigosas, como a história tem amplamente demonstrado; a possibilidade de não respeitar limites e se tornar absoluto é muito grande. Ele também é chamado, às vezes, de poder referente, pois transforma o carismático em referência. Em essência, é um poder instável, pois nada há que assegure a manutenção da devoção afetiva ao carismático.

3.7 Poder das relações

É um poder indireto; não se baseia nas habilidades e capacidades dos que o utilizam, mas nas suas conexões ou contatos. "Não posso, mas conheço quem pode." É o poder supostamente exercido por aquele que se apresenta como "o amigo do amigo do parente mais próximo do vizinho do tio do seu cunhado", aquela pessoa que está sempre interessada em saber quais são as relações de seus interlocutores, para amanhã poder usá-las em proveito próprio. É o poder do lobista; pode também ser confundido com o poder das informações. Os chamados "alpinistas sociais", vazios de conteúdo, são usuários frequentes deste tipo de poder.

---

5 SENGE, P. M. *The fifth discipline*: the art and practice of the learning organization. New York: Doubleday/Currency, 1990.

3.8 "Poder do cotovelo"

Este é o poder atribuído àqueles que abrem caminho no emaranhado administrativo sem nenhum "desconfiômetro", achando que estão sempre autorizados a buscar mais espaço na organização, ainda que essa seja uma atitude incompatível com sua capacidade e qualidade de contribuição. São os gananciosos e possuidores de exacerbado ego, que se sentem no direito de reivindicar mais para si, independentemente de qualquer outra consideração. Embora às vezes possam acabar sendo reconhecidos em algum ponto da escala hierárquica, trata-se geralmente de usurpação, sem legitimidade. Não é poder compatível com boas práticas organizacionais, por isso aqueles que o detêm acabam desabando, sendo destituídos.

3.9 "Poder do QI"

Apesar de totalmente negativo para organizações saudáveis, o poder de "quem indica" para um posto/função/cargo existe e, talvez, sempre existirá nas organizações governamentais ou privadas enquanto elas forem administradas por seres humanos. Trata-se do poder dos incompetentes que não conseguem progredir sozinhos e recorrem aos amigos ou parentes a fim de se acomodarem em algum posto. Muitas vezes essas pessoas são usadas para fazer o "jogo sujo" por alguém (consciente ou inconscientemente); são os aríetes do poder. Esses incompetentes com muita frequência procuram compensar suas fraquezas aterrorizando pessoas na organização com ameaças que implicam punição para quem não reconhece seu poder evanescente. Organizações saudáveis praticam a meritocracia e procuram evitar o nepotismo, cuja variante piorada seria o poder do corrupto. Por ser execrável, ele não é advogado aqui nem admitido, entretanto não se pode negar sua existência. Geralmente é exercido pelo "nosso corrupto", aquele que é corrupto, mas está até o pescoço comprometido com aqueles que lhe concedem poder para agir nos limites por eles definidos em troca de toda sorte de sinecuras indesejáveis em organizações modernas e de excelência. Sua existência é um claro sinal das chamadas "lideranças tóxicas".

3.10 Poder legítimo

Qualquer que seja o significado do termo **legítimo** no mundo moderno, entende-se que seria aquele advindo de uma posição na hierarquia de poder da organização; ele deriva da posição ocupada pelo indivíduo na estrutura formal da organização. Mas também pode ser entendido como uma combinação de alguns dos anteriores. Precisa ser legitimado, ou seja, aceito, para ser legítimo.

3.11 Poder afetivo ou poder pessoal

É o poder fundamentado na relação pessoal e emocional de vinculação. É a capacidade de compromisso pelos vínculos afetivos que podem unir as partes. O amor e o respeito desempenham um papel importante aqui. A aplicação desses poderes pode se dar individualmente ou combinados. Não deve ser confundido com o poder carismático.

3.12 Poder do ódio e da inveja

É o oposto do anterior. Diz-se que a fé e o amor são capazes de remover montanhas; o ódio é capaz de desfazê-las em pedaços. Amor e ódio são duas faces da mesma moeda emocional. O ódio, o ciúme, a inveja e tantos outros sentimentos negativos abundam nas organizações e têm grande capacidade de destruição – podem mesmo levá-las à *débâcle*. É preciso estar atento a ele para que não crie conflitos, nunca explícitos, mas sempre mesquinhos e rasteiros. É extremamente deletério para uma organização porque as pessoas que o praticam não são saudáveis.

3.13 Poder da dominação

A tentativa de dominação está presente na maioria das relações interpessoais (parceiros, cônjuges, sócios, amigos, companheiros de trabalho ou de lazer) e sempre se constitui num obstáculo para que a interação se faça de maneira produtiva; obstrui o fluxo de comunicação e prejudica a ação conjunta madura e racional. Está calcada em tentativas de alcançar segurança na subordinação, ou até na subjugação do outro, e isso não pode prosperar como uma relação produtiva entre forças iguais que buscam resultados positivos. Pode estar acoplado a um objetivo ambicioso almejado por governos, ideologias, crenças ou pessoas, geralmente em busca do controle total (o dominador só se satisfaz com a dominação total). Num contexto de relações sociais moldadas por lutas de todas as naturezas, sempre pode surgir alguém pronto para obedecer a uma ordem (sem o dominado não existe dominação); esse contexto está assentado num conjunto de interesses pessoais ou sociais complicados e de implicações ilimitadas. Segundo Max Weber, a dominação pode ser: legal (burocracia); tradicional (patriarcal); carismática (ver item 3.6). Esse autor observa que a dominação legal cria a noção de competência; a tradicional, a de privilégio; e a carismática, a de "missão do chefe".[6]

3.14 Poder do grupo

Os adolescentes podem testemunhar acerca da força desse poder. Também nas organizações os grupos se estruturam e seus membros ganham o poder atribuído ao grupo que assume uma posição dentro da organização.

Alguns defendem a remoção ou a diminuição da influência do poder dentro das organizações; esse parece ser um exercício infrutífero, pois o poder é um componente presente em todas as relações humanas. Busca-se tornar as organizações mais compactas e menos hierárquicas – o que apenas modifica a forma como o poder é empregado ou demonstrado, mas não o substitui ou elimina.

Embora as relações políticas nas interações de forças dentro de uma nação não estejam no escopo deste livro, é interessante ressaltar a afirmação de Zygmunt Bauman, professor emérito de Sociologia da Universidade de Leeds e de Varsóvia:[7] "(...) poder e política, uma dupla que até pouco tempo estava casada dentro das nações-Estado, estão desquitados e querem se divorciar. Temos cada vez mais políticos sem poder e poderes sem nenhum controle político".

Talvez esse seja um sinal dos tempos também dentro das organizações nas quais se pensa que tudo está regulado por poderes definidos, ao passo que na verdade as coisas acontecem de maneira mais aleatória, submetidas aos controladores dos processos e não aos controladores do poder e apesar deles. O poder como entendido no contexto deste livro está relacionado com os conceitos básicos da organização, compartilhados por todos dentro dela; a força do grupo vem da observância desses conceitos e de sua prevalência diante de interesses pessoais.

---

6 WEBER, M. *Ensaios de sociologia*. Rio de Janeiro: Guanabara, 1981.

7 BAUMAN, Z. Entrevista concedida ao jornal *O Estado de S. Paulo*, 27 jan. 2008.

4

COMPETÊNCIAS PARA A LIDERANÇA

Constância de propósitos somada à competência e à atitude deve resultar em bom desempenho da liderança. Competência é o estado ou a qualidade de ser qualificado para desenvolver determinada tarefa; é, de certa forma, sinônimo de habilidade. Uma pessoa ganha competência para fazer algo por meio de treinamento, educação formal ou informal, experiências vividas ou por talento ou habilidades inatas. De maneira ampla, pode-se dizer que competência é a capacidade de resolver problemas ou preveni-los; isso é altamente necessário na liderança. Está claro que essas não são as únicas definições de competência; existem várias, mas a maioria tem em comum algo identificável, de uma forma ou de outra, com os seguintes componentes do conceito:

- São observáveis ou quantificáveis, como conhecimento, habilidades, aptidões etc.
- Devem distinguir uma pessoa de outras que não tenham aquela competência.
- Incorporam noções de cargo, do contexto em que ele se insere e a capacidade de agregar valor e entregar resultados; note-se que cargo e contexto remetem a qualquer nível da organização e não somente ao topo da pirâmide organizacional.

A estrutura deste livro (como pode ser constatada no sumário) é uma demonstração prática das competências necessárias para a liderança. Ela permite constatar a importância de o líder ser um organizador; entender e saber lidar com a questão do poder; tomar decisões; comunicar-se e saber atuar com os mitos, símbolos e ritos organizacionais; saber conduzir reuniões; ter habilidade, capacidade e humildade para negociar; entender, disseminar, defender e manter o foco da organização e seus conceitos básicos (missão, visão, valores e políticas básicas).

A primeira diferenciação que se deve observar ao falar de competências da liderança talvez seja entre "como" fazer e "o que" fazer: ou seja, líderes devem estar mais preparados para "fazer" ou para entender e orientar "o que" e "por que" fazer. Daí pode-se derivar uma diferenciação entre gerentes e líderes, pois aqueles estariam mais afeitos a "fazer" enquanto estes a "o que" e "por que" fazer. Para Jack Welch, os gestores deveriam gerir menos; uma vez que a visão seja estabelecida, os recursos estejam disponíveis e a confiança esteja no seu máximo, os gestores poderiam abrir passagem para deixar os trabalhadores fazerem o trabalho. Para Welch, liderança tem a ver com visão e não com supervisão. Os líderes devem definir um esquema geral de ação para as equipes; a visão deve ser congruente com os objetivos maiores da organização, sem entrar em planos muito detalhados que podem ser restritivos, visto que controles tendem a diminuir o ritmo da organização.[1] As abordagens tradicionais de liderança enfatizam a necessidade de o líder ser um visionário e transmitir essa visão aos seus seguidores. Como se verá mais adiante, líderes verdadeiros não formam seguidores, mas sim outros líderes cujas visões serão seguidas.

Badaracco[2] identifica três virtudes como competências do "líder contido": são indivíduos quietos, modestos e tenazes (constância de propósitos da liderança).[3] Segundo William George, o estilo de liderança pode ser visto de duas maneiras: há os líderes "tomadores" e os "doadores". Os "tomadores" frequentemente têm personalidade carismática e acabam tomando decisões que enchem os próprios cofres e enriquecem suas carreiras; os "doadores" criam valores para a organização e legam poderes aos subordinados para que se tornem líderes. Ele também afirma que a liderança pode ser solitária e que, portanto, é necessário que o líder busque continuamente a ajuda de bons conselheiros; essa seria uma das formas de aprender a liderança por meio de uma série de passos que conduzam ao autoconhecimento, tão necessário para o exercício de funções de liderança.[4]

Também não se está considerando aqui a importância das teorias tradicionais de liderança (dos traços de personalidade e contingencial ou situacional). Poder-se-ia dizer que os conteúdos deste livro se alinham mais com a segunda porque partem do princípio de que não existe um estilo único nem característica de liderança que sejam válidos para toda e qualquer situação, o que, portanto, se aproxima mais da noção de liderança como conceito coletivo.

A FNQ elaborou e a Omni Marketing executou pesquisa com cerca de 250 *chief executive officers* (CEOs) e diretores de grandes corporações. Nela, destacou-se

---

1 Disponível em: <http://www.winston-churchill-leadership.com>. Acesso em: 20 jan. 2012.

2 Professor da Harvard Business School.

3 BADARACCO JR., J. L. *Leading quietly*: an unorthodox guide to doing the right thing. Boston: Harvard Business School Press, 2002.

4 GEORGE, W. W. Disponível em: <www.hbs.edu>. Acesso em: 20 jan. 2012.

como as principais características de um líder a capacidade de pensar sobre o futuro, o dom de promover o alinhamento das pessoas, de ser catalisador, de estimular novas lideranças, a busca por relações de cooperação e delegação de responsabilidades. Segundo a FNQ, com base nessa pesquisa, os principais atributos do líder no século XXI seriam:

- ser símbolo unificador da organização, articulando sua visão e incorporando seu significado;
- atuar como catalisador, fazendo acontecer mais rapidamente o que a seleção natural com suas tentativas e erros só pode fazer lentamente;
- promover e tornar possíveis iniciativas da base e estimular o sistema em direção a eventuais surpresas;
- viabilizar o aproveitamento da inteligência distribuída do sistema, promovendo a conectividade entre seus diversos agentes e o acoplamento eficaz de estruturas, ideias e inovações, assegurando-se de que não estejam muito soltas nem excessivamente interdependentes;
- buscar relações de cooperação e confiança com seus pares e com as partes interessadas da organização.

O líder hoje deve estar focado no desenvolvimento de pessoas sem a necessidade de ocupar o topo da pirâmide hierárquica; os modelos piramidais entraram em desuso. "O presidente não tem mais a obrigação de exercer a liderança, mas precisa ter bons braços", diz Claudia Saad, gerente da divisão de recrutamento e seleção de executivos de uma empresa de serviços de recursos humanos. Nesse contexto, o líder deixa de ocupar só a ponta da pirâmide para aparecer na sua base também; são líderes multifuncionais, que encabeçam projetos específicos com duração determinada.[5]

Donald Clark sugere três níveis de competência para os líderes: essenciais; as de liderança; e as profissionais ou individuais. Nas primeiras estariam inseridas as habilidades pessoais, necessárias em todos os níveis da liderança:

- capacidade de comunicação;
- criatividade para resolver problemas;
- competência para atuar em grupo;
- habilidades para relacionamentos interpessoais;

5 *Valor Econômico*, p. 4, 26 nov. 2007.

- competência para lidar com clientes, sejam eles quem forem;
- direcionamento focado;
- flexibilidade;
- profissionalismo;
- capacidade para construir redes apropriadas de relacionamentos; e
- habilidade financeira, para não desperdiçar dinheiro.

Entre as de liderança, que o autor chama de "especiais", estariam as competências para dirigir a organização até o seu limite:

- ser visionário;
- criar e liderar grupos;
- avaliar situações rapidamente e de maneira acurada;
- apoiar resolução de conflitos sem perdedores;
- gerenciar projetos;
- programar e pôr em prática ações para promover o envolvimento das pessoas;
- treinar e apoiar (*coach*) pares e subordinados.

Entre as competências profissionais ou individuais, o autor destaca:

- competência técnica na tarefa (foi vista em outro capítulo deste livro a importância relativa deste quesito); e
- perspicácia gerencial.[6]

Tom Peters[7] lista 50 lições de liderança que contêm o que pode ser sugerido como competências presentes em líderes, dentre as quais algumas serão destacadas em seguida. Procurou-se aqui manter o mesmo tom polêmico e iconoclástico que caracteriza o citado autor, para quem liderança é uma das "mercadorias" mais escassas no mercado.

1. Líderes visionários são importantes, mas grandes administradores são fundamentais. Grandes administradores são o cimento de uma organização; eles mantêm unidas as pessoas que detêm o poder. As organizações

6 CLARK, D. R. *Leadership competency model*. 2004. Disponível em: <http://www.nwlink.com/donclark/hr/case/chart1.html>. Acesso em: 30 nov. 2007.

7 PETERS, T. *Você SA*, maio 2001.

precisam de estabilidade para produzir seus bens e serviços; portanto precisam daqueles que saibam mantê-las. Organizações não precisam de gênios e muito menos daqueles que assim se julgam.[8] É obvio que em alguns tipos de organização a criatividade é mais necessária do que em outras; não se está advogando aqui que se deve prescindir da criatividade que alguns agentes possam trazer para uma organização. Mas ela precisa ser devidamente dosada de acordo com o tipo, o perfil e o porte da organização. Em suma: organizações precisam da mediocridade que está na média de contribuição em qualquer grupo social e prescindem dos extremos da curva de Gauss; a curva deve mover-se constantemente para a esquerda, definindo novas médias, em níveis sempre mais altos. Mover a curva é função da liderança. O trabalho em equipe é importante e não significa baixar o nível de alguém talentoso para o menor denominador comum.

2. O líder não precisa apresentar o melhor desempenho; ele precisa apenas liderar. Quando prevalecia na economia o modo de produção artesanal, talvez coubesse ao líder dominar o conhecimento de como melhor fazer as coisas; na economia moderna, industrial ou de serviços, não é esse o caso. O melhor líder de um time não é necessariamente o melhor jogador; o líder da empresa montadora de automóveis não precisa ser o melhor mecânico; nem o diretor de um hospital precisa ser o melhor cirurgião. Peters diz que os líderes se divertem orquestrando o trabalho dos outros e não o executando.

3. Líderes fazem tudo ao mesmo tempo, sem perder o foco. O futuro pertence ao líder que consegue fazer várias coisas simultaneamente sem perder o rumo dos acontecimentos nem se perder completamente. Esta também é uma característica tipicamente feminina na sociedade ocidental e talvez por isso as mulheres venham se destacando, cada vez mais, em posições de liderança.

4. Líderes sabem usar a logística. A visão e a estratégia são importantes, mas ninguém ganha a guerra sem conseguir fazer os insumos necessários chegarem aonde eles são esperados, na hora certa, para as pessoas certas e no lugar certo; nem antes nem depois.

8 Aqueles que se julgam gênios sem na verdade o serem são verdadeiros desastres para qualquer organização e podem causar estragos às vezes irremediáveis.

5. Líderes amam a confusão, e esta afirmação tem de ser entendida no contexto exato. Peters lembra aqui o professor; aquele que vê em cada uma das criaturas que lhe foram confiadas identidade própria a ser desenvolvida. O autor aconselha: se alguém quiser entender o que vem a ser liderança, deve apreciar o jogo que um bom professor faz com sua classe sem impor regras que obriguem os alunos a permanecer estáticos em suas carteiras, mas conduzindo-os a novos saberes em meio à inquietação frenética e à hiper-atividade naturais da infância.
6. A liderança é a arte do improviso para quem deseja estar pronto a adaptar, mudar, esquecer e perdoar. Improviso para estruturar novos papéis e novos relacionamentos para si e para a equipe. O líder moderno tem de estar preparado para improvisar diante da imprevisibilidade dos acontecimentos.
7. A ambiguidade é uma das características mais presentes nos ambientes organizacionais modernos e complexos, seja porque as pessoas são difíceis ou se fazem de difíceis; seja pelo conflito de agendas pessoais explícitas ou escondidas; seja pela própria natureza complexa dos eventos cujas variáveis nunca são tão controláveis quanto se poderia pretender. Líderes têm de entender o sentido dos sinais conflitantes e difíceis de detectar que lhes chegam em meio aos ruídos existentes na complexidade das organizações modernas. Líderes têm de saber conviver com quantidades imensas de ambiguidade. Agir nessa condição significa compreender as contradições inerentes ao mundo organizacional.
8. Líderes confiam nos seus instintos e, portanto, na sua intuição. Embora nos últimos anos a intuição tenha adquirido conotações negativas no ambiente organizacional, ela não deve ser descartada como componente importante da liderança. Cada vez mais autores como Parikh, Neubauer, Lank, Mintzberg, Senge e outros têm tentado resgatar a importância dessa variável como característica dos indivíduos bem-sucedidos como líderes. E, para isso, aconselham candidatos a posições de liderança a desenvolver a própria intuição. Seu uso como competência para a liderança tem muito a ver com os estudos de Carl Jung, que a entendia como "uma forma de percepção indireta por meio do inconsciente, incorporando ideias e associações que o inconsciente acrescenta às percepções do mundo exterior".[9]

9 JUNG, C. G. *Fundamentos de psicologia analítica*. 6. ed. Petrópolis: Vozes, 1991.

9. Líderes têm humor, cometem erros e não se preocupam com isso. É preciso ter humildade e segurança para não maximizar situações difíceis e conflituosas; isso exige senso de humor e domínio das situações. Os líderes não podem considerar-se infalíveis e incapazes de errar; esta é uma noção associada com o líder de antigamente que tudo sabia e tudo podia. Saber não se dar muita importância é uma competência do líder moderno e que exige treino, experiência, maturidade e autoestima equilibrada. Da mesma forma, esse tipo de comportamento é importante com relação aos erros dos outros, para, sem estimular a leviandade nem a desídia, poder interpretar tais situações dentro de uma perspectiva razoável.

10. Os líderes modernos não criam seguidores, mas outros líderes. Essa competência parece ter a força de sua expressão. Não há necessidade de dizer muito mais sobre ela. Ao longo da história, grandes líderes reconheceram outros líderes potenciais para transmitir-lhes o poder de descobrir e criar os próprios destinos. São os vaidosos que criam seguidores para afagar seus egos carentes.

11. Líderes não sucumbem ao próprio sucesso. Têm a grandeza de aceitá-lo como bônus da tarefa a ser dividido com aqueles que contribuíram para o êxito; e sempre haverá muitos que o fizeram porque ninguém consegue nada sozinho. Líderes não precisam de externalidades para afagar seus egos e sabem que o sucesso em organizações é sempre resultado de trabalho em equipe. A chamada alta *performance* depende menos do estilo de craque narcisista e mais daquele que passa a bola e aumenta a efetividade do time. Quem deve brilhar é a equipe, e não o líder. O artilheiro não importa tanto porque apenas consuma um trabalho bem-feito pela equipe. O atual alvo dos processos de seleção é o profissional que sabe ouvir e persuadir em vez de impor; ele precisa saber montar uma equipe de maneira oposta à do chefe centralizador, que carrega tudo nas costas. “Líder bom é o que sai de férias e ninguém percebe porque tudo funciona.”[10]

12. Líderes são contadores de “histórias” porque elas contêm elementos da realidade; são pessoais, apaixonantes e falam ao coração das pessoas. “Histórias” às vezes são mais facilmente entendíveis do que números

10 Seme Arone Junior, sócio-diretor do Nube (Núcleo Brasileiro de Estágios), em matéria de HELVÉCIA, H.; CLEMENTE, A. T. O time em primeiro lugar. Folha de S.Paulo, *Folha Online*, [Sinapse] online, 27 abr. 2004. Disponível em: <http://www1.folha.uol.com.br/folha/sinapse/ult1063u812.shtml>. Acesso em: mar. 2018.

ou teorias elaboradas. Annette Simmons[11] destaca seis tipos de história que podem influenciar pessoas, inspirando-as: "quem sou eu"; "por que estou aqui"; minha visão; histórias que ensinam, que transmitem valores e sobre "sei o que você está pensando". Histórias genuínas, contadas com autenticidade, inspiram e despertam confiança. Aqui, como em tudo ligado à liderança, não há espaço para manipulação; aliás, ninguém manipula ninguém. Aquele que pensa estar manipulando alguém sempre pode enfrentar a probabilidade de estar sendo manipulado. Contando histórias não pode ser diferente.

13. Líderes escutam com atenção e aprendem. Para isso, rodeiam-se de indivíduos que são mais espertos, talentosos e inteligentes do que eles próprios. Se o líder não contratar pessoas que sejam tão ou mais capazes do que ele, então parecerá fraco e inseguro e perderá a contribuição daqueles que poderiam contribuir para o crescimento da organização. Isso exige humildade genuína, autoestima, maturidade e equilíbrio emocional. Aqui também está entranhada uma das competências importantes da liderança, que é o respeito pelos outros. Conquista-se respeito respeitando-se os demais.

Terry Leahy[12] destaca algumas competências que julga importantes para quem pretende exercitar a liderança em qualquer organização:

- **Buscar a verdade**: o primeiro passo para resolver um problema é reconhecer que ele existe. Encarar a verdade é sempre necessário, por mais difícil que possa parecer. Para encontrar a verdade, escute aqueles que investem no futuro da organização.
- **Valorizar os conceitos básicos das organizações**: visão, valores e cultura importam mais do que estratégias de marketing e objetivos financeiros. No século XXI, o lado *soft* das organizações terá mais importância do que o *hard*. É preciso compartilhar significados entre os grupos de interesse da organização.
- **Manter o foco e a visão estratégica**: estratégias devem ser compartilhadas com todas as pessoas da organização. Isso a torna viva. A liderança

11 SIMMONS, A. *The story factor*. Cambridge, MA: Basic Books, 2006.

12 Terry Leahy, principal executivo da rede britânica de supermercados Tesco, que tem mais de 2 mil lojas em vários países do mundo e mais de 350 mil funcionários. Ver em: HSM EXPERIENCE. *Tesco:* lições de uma gigante do varejo. HSM, 25 fev. 2014. Disponível em: <https://experience.hsm.com.br/posts/tesco-licoes-deuma-gigante-do-varejo>. Acesso em: mar. 2018.

deve atuar como conectora de uma rede para facilitar o fluxo de informações; isso gera confiança e autoestima;

- **Conectar pessoas, processos e sistemas:** é preciso criar sentido nas relações interpessoais, processos e sistemas. Isso é tanto mais difícil quanto maior for a organização, o que torna o processo de comunicação muito complexo. As redes sociais facilitam essa comunicação e aproximam os diversos setores da organização;
- **Entender que o simples é melhor que o complexo:** complicar é fácil, simplificar é difícil. É importante criar uma cultura de simplicidade. Isso facilita a criação de um senso de propósito comum entre os grupos de interesse.
- **Transparência e confiança** serão as referências principais dos modelos de gestão do futuro, principalmente diante do aumento da complexidade no mundo moderno. Acesso facilitado e classificação das informações serão os grandes direcionadores das mudanças futuras; todas são componentes *soft* da organização.

Leahy afimou que é cada vez mais importante desenvolver o lado *soft* das organizações. Transparência e confiança serão as referências principais dos modelos de gestão do futuro, principalmente diante do aumento da complexidade no mundo moderno. Acesso facilitado e classificação das informações serão os grandes direcionadores das mudanças futuras.

Para Jack Zenger e Joe Folkman,[13] deve-se procurar nos líderes um histórico de honestidade, isto é, que sejam pessoas que dizem o que pensam, principalmente quanto a princípios, e que tenham preocupação verdadeira com os outros, tratando-os com respeito e dignidade. Esses autores destacam que as pessoas que combinam tais competências geralmente são acessíveis, humildes, modestas e dispostas a dividir as atenções que recebem. Zenger e Folkman fizeram uma análise do perfil de 25 mil líderes e encontraram no décimo percentil superior um grupo de pessoas que era considerado ético por seus pares, superiores e subordinados. Porém, diante de manifestações recentes de desonestidade nesses níveis, eles interpretam que indivíduos com histórico de honestidade e integridade são frequentemente solicitados a exercer funções nas quais podem utilizar poder e influência para obter favores pessoais e que a posição parece levá-los a acreditar que não são mais governados pelas antigas regras – a tentação pode ser irresistível

13 ZENGER, J.; FOLKMAN, J. *Executive Excellence*, n. 12, 2003.

para alguns. Eles também tentam explicar comportamentos menos éticos de pessoas que chegam ao topo em virtude de serem mais ambiciosas e desonestas, mas que conseguiram esconder isso até chegarem ao cargo; ou ainda que as oportunidades de comportamento antiético não são tão tentadoras nos níveis mais baixos da estrutura hierárquica; ou, por fim, cogitam a possibilidade de o pessoal nos níveis mais baixos das hierarquias ter seu comportamento mais vigiado.

É preciso estar atento para uma série de manipulações sobre a liderança que muitas vezes são reforçadas por aqueles mal-intencionados que desejam alcançar uma condição de líder. A seguir são apresentados exemplos comuns de manipulação de conceitos ligados à liderança:

- **Genética:** muitas pessoas acreditam que os líderes nascem com essa competência, de maneira que quem não a tem jamais a terá. Seria quase como se o líder fosse ungido por Deus; no passado acreditava-se que o poder dos monarcas vinha diretamente de Deus. Esse conceito não contempla o fato de que a competência para liderança vem com a construção do ser.
- **Carisma:** nem todos os grandes homens da humanidade foram ou são carismáticos. É bem verdade que as habilidades pessoais são tão ou mais importantes em uma liderança do que as habilidades técnicas. Porém, o que se exige do líder é que saiba se relacionar bem com as pessoas. A capacidade de relacionar-se não está apenas em ser gentil; em muitos casos, não ser grosseiro já é o bastante. Se o bem-estar da comunidade é o que se deseja, essa vontade se manifestará pelo comportamento e se transferirá às pessoas, com o que se ganharão adeptos para a realização de objetivos.
- **Posição hierárquica:** teoricamente, as pessoas com maior tempo na organização e com mais experiência seriam os líderes naturais, mas a realidade mostra outras direções. Os vícios e o comodismo com posições hierárquicas petrificadas podem contribuir para o insucesso de algumas organizações.
- **Qualificação:** não é o número de diplomas ou certificados que faz o líder. É preciso habilidade para lidar com o melhor e maior dos capitais: o ser humano. Nem sempre isso se aprende na escola.
- **Coação e manipulação:** algumas pessoas desconhecem que é preciso colocar-se no lugar do outro, vivenciar como se fossem dele as dificuldades

dos colaboradores. Coagir ou tentar manipular pessoas não são demonstrações de competências de liderança.

- **Mudanças**: está na moda identificar boa liderança com mudanças porque "o mundo moderno está em constantes mudanças" (será que esse é um fenômeno apenas atual?). É importante notar que, na tentativa de se reinventar, as organizações podem perder a identidade, e não raro é difícil o reencontro com a normalidade. Não se deve esquecer que é a estabilidade que dá coesão à sociedade e às organizações; mudanças na história e nas organizações, para serem efetivas, absorvidas e duradouras, devem vir a passos lentos.

No mundo moderno, nada mais atrativo do que soluções simplistas para problemas complexos. As propostas que realmente agregam valor são as simples, mas não simplistas. Peter Scholte, em seu livro *The leaders handbook*, lista cinco competências para a liderança que ele classifica como simples, porém abrangentes e não simplistas. São elas:

1. Pensamento sistêmico para saber como administrar sistemas. Para isso, é necessário ajudar as pessoas a entenderem o contexto maior do ambiente de trabalho; "a floresta e a árvore". Não compreender isso significa desconsiderar a complexidade do trabalho e ter a tendência a ver as coisas de um ângulo simplista e que leva ao insucesso.
2. Pensamento estatístico para compreender a variabilidade, tanto no planejamento como na solução de problemas. O uso inteligente de dados permite predizer desempenho futuro, compreender os sistemas organizacionais, planejar, selecionar prioridades e resolver problemas. No "achismo" se veem tendências onde elas não existem e se perdem as verdadeiras; além de culpar pessoas por resultados que, na verdade, não estavam ao alcance delas.
3. Entendimento dos processos de aprendizado, desenvolvimento e melhorias para liderar por meio deles. É esperado que a liderança saiba antecipar-se a acontecimentos e fatos e, portanto, os líderes devem apreender como propor mudanças que agreguem valor e resultem em melhorias.
4. Porque os interesses das pessoas são difíceis de harmonizar, a liderança deve entender as pessoas e por que elas se comportam de determinada maneira, tentando compreender o comportamento humano. Não se pode

ser simplista com relação aos seres humanos procurando neles heróis para exaltar ou vilões para punir. Não se pode esperar motivar pessoas com planos de incentivo complicados que não só não funcionam como pioram os relacionamentos. O desafio está em desenvolver confiança; contornar a resistência à mudança; e compreender como proceder para moldar uma cultura organizacional tendente à excelência.

5. Resultados vêm da interação de vários eventos e fatores. Cabe à liderança entender como essa interação se dá na prática e como as quatro competências anteriores interagem umas com as outras e como, juntas, moldam e afetam sua ação.

O mesmo autor enfatiza a importância da competência para a liderança de dar foco, direcionamento, significado e visão para a organização. A abordagem simplista da liderança busca dirigir e controlar as pessoas quando o que se necessita é dar-lhes sentido, significado e condições para desenvolver suas potencialidades pessoais e profissionais.[14]

Biógrafos de Sir Winston Churchill e historiadores analisaram exaustivamente algumas competências identificadas ao longo de muitos anos de seu exercício de liderança em diferentes contextos. Churchill desenvolveu tais competências em meio a situações em que muitas vezes o fracasso esteve mais presente do que o sucesso; ou seja, ele aprendeu com seus erros. Talvez um dos líderes cujas características de liderança foram mais estudadas em virtude do impacto que tiveram no mundo ocidental, o contexto em que Churchill atuou sempre foi mais político, ainda assim algumas de suas práticas podem muito bem ser extrapoladas para situações organizacionais. De modo geral, reconhecem-se em sua ação:

- Integridade entendida como pensar, dizer e fazer a mesma coisa, o que, principalmente para um político, é sempre difícil. Essa característica é fundamental para a transparência na ação da liderança, sem a qual a organização fica procurando adivinhar qual o caminho que se quer ou se deve tomar, com as consequentes inseguranças, incertezas e conflitos.
- Energia para assumir a solidão do poder. As organizações sugam a energia de suas lideranças e elas têm de estar preparadas para assumir esse fardo. Diz-se que Churchill aprendeu em Cuba a sempre

14 SCHOLTES, P. R. *The leader's handbook*: making things happen, getting things done. McGraw-Hill: New York, 1998.

tirar uma sesta após as refeições, prática que carregou por toda a vida, mesmo durante os bombardeios a Londres nos momentos mais críticos da Segunda Guerra Mundial, quando ele era primeiro-ministro da Inglaterra e um dos quatro grandes aliados que derrotaram o nazismo. Talvez essas sestas e sua dependência do fumo de charutos tenham tido importância crucial para a energia de sua liderança.

- Autoconfiança para enfrentar desafios, fazer frente aos imprevistos e assumir responsabilidades.
- Visão para orientar o foco das ações e o direcionamento a seguir.
- Determinação para pôr em prática o combinado, num compromisso claro com decisões democráticas e manifestação oposta ao autoritarismo.
- Poder de comunicação, porque a ação da liderança se dá, basicamente, pela comunicação verbal e não verbal; diz-se que o exemplo é uma das melhores práticas de liderança. É óbvio que não se está aqui sugerindo que seja necessária a capacidade de Churchill para se comunicar, pois ele foi um dos grandes oradores da história. Mas não se podem exercer funções de liderança sem se comunicar apropriadamente. Interlocutores de Churchill e Hitler relatam que, após uma hora de conversa com o primeiro, a pessoa saía com a sensação de que poderia fazer qualquer coisa; com o segundo, a sensação era de que ele (Hitler) poderia fazer qualquer coisa. Para a liderança moderna, há uma grande diferença entre essas duas formas de comunicação.
- Orientado para ação e, novamente aqui, retorna o tema da importância de manter a organização focada nos seus objetivos.
- Coragem para fazer o que precisa ser feito; e o foco da organização requer esse tipo de conduta.
- Criatividade para encontrar diversas opções para solucionar um problema. Diz-se que exercer a liderança não se trata de tomar a melhor decisão, mas de saber ampliar o leque de opções.
- Colaboração para a ação conjunta, reconhecendo na diversidade a força das decisões menos erradas.[15]

A noção de ritmo também é importante para a liderança. Ritmo é importante para quase tudo na vida: as coisas ficam mais previsíveis e, portanto, acontecem com menos possibilidade de erros se repetidas a intervalos de tempo ritmados;

15 Disponível em: <http://www.winston-churchill-leadership.com>. Acesso em: 31 jan. 2011.

os treinadores não conseguiriam o condicionamento de seus atletas sem dar-lhes o ritmo para a execução dos exercícios; as noites sucedem os dias, assim como as marés se sucedem em intervalos regulares; todos os fenômenos cósmicos seguem um ritmo próprio sem o qual a vida não existiria no planeta; o coito é mais prazeroso quando os parceiros encontram seu ritmo; a dança flui melhor quando o par entra no ritmo; corpos seguem ritmos circadianos; as mulheres são tão mais saudáveis quanto mais regulares os seus ritmos menstruais; as árvores germinam, crescem, florescem e dão frutos, dependendo do ritmo cíclico da natureza. A imprevisibilidade não é uma boa característica para um líder, conforme entendido neste livro. O líder precisa entender o ritmo da equipe e de cada um dos seus componentes. O líder precisa definir um ritmo ótimo para a cultura da organização e para a equipe executar as tarefas e se sentir embalada. Portanto, é necessário que ele próprio seja ritmado, e não errático ou caótico. Para definir o ritmo, é fundamental que o líder tenha energia para transmitir à equipe. Eis porque a liderança é uma tarefa tão desgastante: as equipes sugam a energia da liderança e esta não tem de onde sugar a sua, motivo pelo qual deve gerar a própria. Para isso, é preciso preparo intelectual, físico e mental, para o líder participar de suas equipes exercendo o papel que se espera dele. E que também tenham oportunidade para descansar e recompor suas energias.

Parece consenso que o empreendedorismo seja uma qualidade fundamental para qualquer pessoa que queira ocupar, em algum momento, um lugar de liderança. É preciso que a pessoa tenha capacidade de empreender; de iniciar e transformar em realidade alguma proposta teórica. É preciso ter ganas para realizar ou inconformismo para não aceitar o que não se concretiza. Líderes são empreendedores e não aceitam a condição de espectadores quando a situação exige ação.

Cada vez mais importantes são as competências socioambientais da liderança para organizações sustentáveis e que durem. Segundo relatório publicado pela ONU,[16] os chamados "líderes sustentáveis" deveriam ter elevado senso de justiça, espírito solidário, rigor ético, transparência, tolerância, respeito pela diversidade e habilidade para o diálogo. Além disso, deveriam ter visão de longo prazo, capacidade de conjugar resultados econômicos, sociais e ambientais, coragem para influenciar comportamentos, derrubar paradigmas e transformar modelos de gestão. Essas competências podem ser classificadas de acordo com o Quadro 4.1.

---

16 ORGANIZAÇÃO DAS NAÇÕES UNIDAS (ONU). *Pacto global da ONU lança guia de sustentabilidade empresarial*. Disponível em: <https://nacoesunidas.org/pacto-global-da-onu-lanca-guia-de-sustentabilidade-empresarial-criando-um-futuro-sustentavel/>. Acesso em: abr. 2018.

QUADRO 4.1 – COMPETÊNCIAS DO LÍDER SUSTENTÁVEL

Conhecimentos

- compreender o tema, sua transversalidade e suas conexões em toda a cadeia produtiva;
- entender que sustentabilidade é inovação;
- ter cultura geral e ampla visão do mundo;
- compreender o conceito de interdependência;
- considerar dilemas atuais nas estratégias das organizações;
- ter modelo de gestão definido e saber como e quando mudá-lo;
- conhecer as variáveis do sistema.

Habilidades

- identificar oportunidades e criar soluções novas;
- ter visão ampla e de longo prazo do propósito da organização;
- envolver as pessoas com os conceitos básicos da organização e identificar sinergias;
- saber escutar e dialogar;
- saber comunicar estratégias;
- interagir com as partes interessadas;
- possuir visão sistêmica e planejamento estratégico;
- analisar riscos e oportunidades sob vários ângulos;
- construir redes de relacionamento.

Atitudes

- coragem para enfrentar barreiras à mudança;
- crença firme e coerência nas atitudes;
- prazer em educar e servir;
- respeito à diversidade;
- inserção do tema na cultura organizacional;
- perseverança e constância de propósitos;
- paixão pelo que faz (“sem tesão, não há solução”);
- proatividade e visão coletiva;
- fé nas pessoas;
- criação de pontes com diversos setores da economia.

(CONTINUA)

(CONTINUAÇÃO)

VALORES
‣ elevado senso de justiça; ‣ apego à liberdade; ‣ humanismo; ‣ solidariedade; ‣ tolerância; ‣ transparência; ‣ ética; ‣ fé e esperança.

Fonte: adaptado de: Qualidades do líder em sustentabilidade. Ideia socioambiental: entrevista com 25 líderes de sustentabilidade de grandes empresas brasileiras. *Líderes*, ano X, n. 26.

Espírito crítico, criatividade e capacidade de abstração são algumas das características valorizadas nos líderes que algumas organizações desejam desenvolver com aulas sobre filosofia, artes, comunicação, política e história. É grande o número de líderes de organizações cuja origem não está numa escola de administração, mas em cursos dessa natureza. Essas disciplinas preparariam as pessoas em competências "universais", atualmente consideradas importantes para as organizações modernas. O líder deverá desenvolver o que alguns autores chamam de "inteligência executiva", que tem a ver com a capacidade de uma pessoa avaliar situações e tomar as medidas necessárias. A inteligência executiva parece ser a soma de inteligência emocional, quociente intelectual, personalidade, valores e experiência. Manifestação dessa inteligência aparece na capacidade de executar ações apropriadas para cada situação.[17] Recomenda-se, com muita ênfase, a necessidade de o líder ser um bom julgador do caráter alheio para poder identificar as melhores características nos candidatos disponíveis para promoções entre as pessoas que trabalham com ele ou mesmo ao selecionar outras de fora da organização. Trata-se de saber identificar aqueles que melhor se adaptarão para as tarefas necessárias; saber quem é a pessoa certa para o lugar certo. Para desenvolver essa capacidade, recomenda-se a prática da observação em detalhes da linguagem não verbal dos circunstantes; seus maneirismos e trejeitos; suas posturas; a sintaxe usada e as ênfases em sua conversa. Tais competências podem ser treinadas pela busca

17 LAGACE, M. Grooming next generation leaders. *HBS Working Knowledge*, 18 dez. 2006.

do detalhe em tudo o que esta à volta: apurar o paladar; apreciar obras de arte com sensibilidade e apuro; mergulhar na literatura, principalmente a clássica, buscando entender o processo de construção dos personagens e a estruturação dos enredos. Sobretudo, gostar das pessoas; ouvi-las com genuíno interesse, dando mais atenção à conversa dos outros do que à própria e procurando encontrar nelas sentidos nem sempre explícitos. Nunca é demais lembrar que o ser humano é dotado de dois ouvidos e uma boca; talvez com isso o Criador quisesse transmitir uma mensagem bastante eloquente.

Em suas palestras, Jorge Gerdau Johanpeter fala, frequentemente, sobre a necessidade de humildade e disciplina como características importantes para o líder moderno. Jack Welch também destaca a humildade ao dizer que:

> a maior parte das pessoas que você encontra em seu local de trabalho, pouco importam a posição hierárquica ou o título delas, sabe alguma coisa que você não sabe; muita gente, seja qual for seu nível, pode orientá-lo em algum assunto, portanto, procure se livrar de seu cinismo e escute o que todos têm a dizer porque isso vai fazer de você uma pessoa mais inteligente e também mais humilde. Se inteligência e humildade forem as duas principais características que as pessoas veem em você, considere-se um vencedor.[18]

Gerdau destaca em suas palestras que, talvez, a característica principal do líder seja sua capacidade para manter o foco da organização. Quando todos estiverem perdidos em divagações e diatribes adjetivas, caberá ao líder trazer a organização de volta para o cerne da questão: sua missão substantiva. Quanto mais se conseguir disciplina para trabalhar numa única tarefa, mais se avança na curva da eficiência. Isso resulta em um trabalho de melhor qualidade e realizado em menos tempo. Da mesma forma, quando se desvia, o ciclo se quebra e se retrocede na curva até o ponto em que cada fase da tarefa se mostra mais difícil e consome mais tempo. Gerdau ressalta que o líder deve saber como satisfazer as necessidades dos grupos de interesse da organização; ter capacidade técnica; capacidade de conceituar situações para saber medir as consequências de uma decisão; e, por fim, estar muito próximo dos valores da organização.[19]

Elbert Hubbard definiu autodisciplina como "a habilidade de convencer a si mesmo a fazer o que tem de ser feito, quando você deve fazê-lo, querendo

18 *Exame*, p. 111, 15 jul. 2009.

19 Palestra realizada no Hospital das Clínicas da Faculdade de Medicina da Universidade de São Paulo (HCFMUSP), em maio de 2007.

ou não". Numa análise mais profunda, em qualquer área, pode-se dizer que o sucesso requer esforço e disciplina. Autodisciplina, autogerenciamento e autocontrole estão na base do caráter e da alta *performance*. Na verdade, dar início a uma tarefa de alta prioridade e persistir nela até que esteja totalmente completa é um verdadeiro teste para o seu caráter, seu poder de realização e sua determinação. Persistência é a autodisciplina em ação; resiliência é a autodisciplina recuperada. A boa notícia é que, quanto mais você utiliza a disciplina, mais passa a gostar e respeitar a si mesmo, gerando um ciclo virtuoso. Um dos fundamentos de excelência da gestão preconizados pela FNQ para seu modelo de gestão é a liderança e a constância de propósitos.

Giovanni Guido Cerri, ex-secretário estadual da Saúde de São Paulo e ex-diretor da Faculdade de Medicina da Universidade de São Paulo (USP), em palestra, no Programa de Estudos Avançados em Administração Hospitalar e Sistemas de Saúde (Proahsa),[20] destacou algumas características necessárias para a liderança e também colocou o foco em primeiro lugar na sua lista:

1. Dar a direção (foco).
2. Conhecimento teórico e equilíbrio emocional:
   - lidar com conflitos;
   - capacidade de diálogo;
   - manter o grupo;
   - autocontrole;
   - ponderação;
   - bom senso.
3. Ao assumir um cargo:
   - conhecer a estrutura;
   - traçar um projeto e dividi-lo com o grupo, aceitando críticas e sugestões para a construção conjunta desse projeto, garantindo o envolvimento e o comprometimento de todos.
4. Estabelecer confiança no grupo por meio de parcerias.
5. Ter tranquilidade em assumir seus erros:
   - identificar, assumir e discutir os erros gera confiança no grupo;

20 Programa de Estudos Avançados em Administração Hospitalar e Sistemas de Saúde, mantido por meio do convênio entre a Escola de Administração de Empresas de São Paulo da Fundação Getulio Vargas (FGV-EAESP) e o Hospital das Clínicas da Faculdade de Medicina da Universidade de São Paulo (HCFMUSP).

- desenvolver a autocrítica, o que aumenta a experiência e diminui as possibilidades de cometer os mesmos erros.

6. Ter percepção sobre a própria carreira.
7. Ética:
   - nunca é demais;
   - ajuda a manter o grupo.
8. Respeito à hierarquia:
   - identificação clara das lideranças;
   - estrutura organizacional com um colegiado no topo das decisões.
9. Capacidade de saber ouvir.

É importante não valorizar em demasia o papel representado por estilos de liderança individuais, mas sim considerá-los como característica da cultura organizacional. Assim não deve interessar aos observadores se os líderes são dominadores, inspiradores, lógicos, apoiadores, autocráticos, democráticos, liberais ou qualquer outro estilo que entre numa classificação desse tipo; o que deve ser destacado é quanto esses estilos são partes prevalentes na cultura da organização e se afetam ou não o sistema de liderança. É importante diferenciar estilo de competências da liderança propriamente dita, como vista neste livro. Liderança é uma técnica que se aprende; uma ferramenta de gestão. É importante também saber o que significa liderança situacional, que já foi apresentada como a grande teoria da liderança. Trata-se simplesmente de adaptar os conhecimentos, habilidades e atitudes dos líderes à situação em que atuam; às pessoas com quem atuam em determinadas circunstâncias, de acordo com a tarefa a ser realizada.

Peter Senge afirma que o primeiro ato da liderança é inspirar a visão das "organizações que aprendem" (inspirar no sentido de trazer ar para a sobrevivência do organismo). Nessa função, os líderes necessitariam de três competências: ser projetistas, professores e modelos. Para explicar a condição de projetista, Senge faz analogia com um navio e destaca o papel do projetista do barco para levá-lo a um porto seguro, tão ou mais importante do que o do comandante, o do navegador ou do engenheiro de bordo. Da mesma forma, pode-se falar do compositor como o elemento mais importante para uma boa apresentação da sinfônica, mais ainda do que o maestro, o arranjador ou o solista. Quanto à condição de professor, diz respeito à competência que os líderes devem ter para ser mentores dos seus líderes locais, orientando-os nas interações com pessoas ou fatos. Por fim, o papel do modelo para incorporar o genuíno comprometimento com a tarefa de maneira íntegra: fazer o que fala e falar o que pensa. Portanto, integridade, como já foi visto acima, é uma competência fundamental para a liderança efetiva.[21]

Em fevereiro de 2008, dez empresas atuantes no Brasil, que apresentavam dificuldades para contratar seu principal executivo, declaravam como perfil desejado: capacidade de lidar com um conselho de acionistas bastante heterogêneo; habilidade em fazer transição tranquila de uma empresa familiar para uma de mercado; amplo conhecimento dos mercados externos e internos do ramo em que a empresa atua; experiência na transição de empresas familiares; habilidade em lidar com um dono bastante presente no dia a dia da operação; larga experiência em marketing e vendas; bom trânsito no exterior e capacidade de gerenciar grandes investimentos; experiência na reestruturação de empresas; profundo conhecimento do mercado no setor em que a empresa atua; e familiaridade com o mercado de bens de consumo e disponibilidade para viajar para o exterior.[22]

Por fim, algumas palavras de Vicente Falconi: "Liderar é bater metas consistentemente", ou seja, a competência para estabelecer as metas e cobrá-las sistematicamente até atingi-las. E também é dele uma frase que define uma das competências mais importantes para a liderança: "Nunca vi uma pessoa de sucesso que não ama o que faz";[23] portanto, sem gostar do que se faz, pouco ou nada adianta.

---

21 SENGE, P. M. *The fifth discipline*: the art and practice of the learning organization. New York: Doubleday/Currency, 1990.

22 *Exame*, p. 24-25, 27 fev. 2008.

23 FALCONI, V. *O verdadeiro poder*: práticas de gestão que conduzem a resultados revolucionários. Belo Horizonte: INDG, 2009.

5

TOMADA DE DECISÕES

Talvez nenhum fator tenha tanto peso no desempenho de uma organização quanto o preparo de sua liderança para tomar decisões em ambientes de incerteza, como concluiu pesquisa da Accenture, em parceria com a Fundação Getulio Vargas com 10 mil grandes empresas de diversos países – inclusive o Brasil. Segundo esse estudo, a capacidade de a liderança decidir é mais importante do que o conjunto de ativos da empresa ou do país em que ela atua. Os líderes, em qualquer nível que estejam na hierarquia da organização, têm de tomar decisões constantemente; isso faz parte do dia a dia de qualquer um que esteja em posição de liderança. Escolhas certas ajudam a construir histórias de sucesso; já as erradas... E ninguém é infalível; todos estão sujeitos a cometer erros. Mesmo porque nenhuma decisão é tomada com absoluta segurança nas informações obtidas; sempre há algum grau de incerteza. Só não toma decisões erradas quem não as toma, assim como só não comete erros quem não faz nada. A preocupação está em minimizar o número e a intensidade dos erros.

Organizações de sucesso na aplicação do modelo de liderança proposto neste livro sabem conviver com erros; admitem que seus agentes e líderes os cometem, sem, naturalmente, incentivá-los a que o façam. A organização precisa de muita estabilidade e maturidade emocional para admitir que seus membros erram, mas as recompensas em termos de criatividade e satisfação se traduzem no ambiente organizacional. Um chefe precisa estar muito seguro de si e de sua posição para dizer a um subordinado que ele pode errar. É óbvio que uma afirmação desta virá sempre acompanhada da ressalva implícita: não persistir no erro, porque aí então não se aprendeu com o erro inicial e não se tirou proveito dele para melhorar os processos.

A revista *Exame*[1] analisou estilos e consequências de decisões tomadas no Brasil no período de 40 anos acompanhados pela revista e apresentado em sua edição especial para comemorar a data. Ali está destacada a disciplina de Abílio Diniz, ex-presidente do Conselho do grupo Pão de Açúcar e atual membro do

1 *Exame*, edição especial de 40 anos, 2007.

Conselho do Carrefour, que, em qualquer decisão de negócios, procura seguir sempre três passos: diagnóstico, planejamento e ação. Abílio diz que é preciso resistir à tentação de pular diretamente para a ação. Já Ricardo Semler,[2] paradoxalmente, destaca a decisão por omissão: quer com isso dizer que privilegia as decisões coletivas, disseminadas pelos vários níveis da organização sem que ninguém possa ser tentado a supervalorizar seus acertos (quando as coisas dão certo, sempre aparecem muitos padrinhos), nem reduzir os efeitos de seus erros (ideias perdedoras sempre carecem de padrinhos). André Gerdau, diretor-presidente da Gerdau, diz que decidir é fácil, o difícil é convencer as pessoas a atuar sobre o que foi decidido, numa aparente manifestação de decisão centralizada. Com isso, ele sinaliza que as decisões estratégicas são mais fáceis do que as operacionais, cuja implantação exige conhecimento e adesão dos operadores para que a decisão se transforme em realidade, sem o que a decisão não tem sentido. Clóvis Tramontina, presidente da Tramontina, é do time da intuição, que acredita no valor do instinto como resultado de todas as experiências e informações acumuladas ao longo da vida. Os cínicos e céticos, provavelmente destituídos de intuição ou instinto, torcerão o nariz para esse estilo de decisão por achá-lo muito arriscado e leviano (ver mais sobre intuição neste capítulo). Para Laércio Cosentino, presidente da Tovs, uma decisão requer vários planos; pelo menos três para o mesmo objetivo, no caso de temas estratégicos para a companhia. São as famosas alternativas "B" e "C", no caso de a "A" falhar. Rubens Ometto, presidente da Cosan, gosta de ouvir muitas pessoas antes de decidir. Em suas palavras: "Gosto de pensar em voz alta. Gosto de testar as ideias com várias pessoas e de ouvir as mais remotas especulações". Para Carlos Ghosn, da Renault/Nissan, o líder não deve decidir nada que possa ser resolvido por uma pessoa mais próxima do problema; essa é a essência da descentralização. O estilo Ghosn de decidir é baseado em cinco premissas: deixar de lado os detalhes; ter disciplina; delegar sempre que possível; dar um passo de cada vez; e buscar informações com o maior número possível de pessoas (em todos os níveis). Por fim, tem-se a sensatez de Lázaro Brandão, presidente do Conselho de Administração do Bradesco, que tomou muitas decisões no ambiente instável de economia inflacionária no Brasil até a implantação do Plano Real. Segundo ele, é preciso ter sangue-frio e tranquilidade, mesmo sob pressão, porque sempre há uma saída para qualquer dificuldade, desde que haja obstinação na sua busca. Ele destaca ainda a força

---

2 SEMLER, R. *Virando a própria mesa*. Rio de Janeiro: Rocco, 2002.

do consenso para o qual as decisões têm de ser negociadas. "Votações dividem o grupo; quem perde sempre torce contra", quando não atua contra.[3]

Analisando os estilos apresentados anteriormente, podem-se destacar algumas características comuns aos diversos tomadores de decisão. Primeiro, a disciplina "para fazer a lição de casa" na busca de informações e opiniões, as mais diversas possíveis. Esse é um exercício que pressupõe sistemas de informação, mas também humildade para reconhecer que "várias cabeças sempre pensam melhor do que uma" e que "não existem donos da verdade". Há busca do consenso onde não há votos vencidos, mas, uma vez terminada a batalha para alcançá-lo, todos se alinham em torno dessa decisão. O consenso exige humildade, sensibilidade e maturidade dos agentes e estabilidade da organização; ela precisa estar preparada para usar esse método. É necessário reconhecer o nível de decisões tomadas nos exemplos acima; nem sempre as pessoas são chamadas a decidir sobre temas que tenham repercussão e porte. É preciso fazer uma adaptação para realidades diferentes. É importante que as decisões sejam entendidas no contexto em que são tomadas; é equivocado sair por aí copiando estilos que deram certo em alguns contextos, mas que não funcionarão em qualquer lugar.

A *Harvard Management Update*[4] apresenta cinco passos para o bom processo decisório:

1. Questionar todo fato anterior.
2. Por à prova todo conhecimento amplamente aceito.
3. Encorajar os outros a desafiar suas ideias.

Viu-se nos exemplos acima que muitos tomadores de decisão se apoiam no grupo para definir seus caminhos; várias cabeças sempre pensam melhor do que uma. É preciso humildade para de fato reconhecer a capacidade que cada um tem de contribuir, mesmo que isso signifique o reconhecimento da possibilidade de que outros têm melhores enfoques.

4. Nunca confiar somente no fato anterior. Embora a história se repita, nunca o faz exatamente da mesma maneira. Portanto, pode ser uma boa prática não se fixar apenas no passado, porque isso pode limitar as possibilidades de vislumbrar o futuro.

---

3 *Exame*, edição especial de 40 anos, 2007.

4 HARVARD MANAGEMENT UPDATE, v. 8, n. 4, 2003.

5. Acima de tudo, criar um procedimento para decidir. Por exemplo, a General Motors adotou um "registro de decisão" para orientar seus membros na tomada de decisões. Esse documento consiste na sistematização de algumas perguntas antes de qualquer decisão:

   - Qual o contexto da decisão?
   - Qual é a decisão a ser tomada?
   - Que recursos serão alocados?
   - Que alternativas foram consideradas, mas não selecionadas? Por que não foram selecionadas?
   - Que pressupostos foram feitos para a decisão?
   - Que resultados são esperados? Para quando?

Voltando ao processo de decisão por consenso, deve-se destacar que ele visa obter o acordo de todos e minimiza as objeções da minoria com o objetivo de atingir a decisão mais apropriada. O objetivo do consenso é atingir a unidade, e não a unanimidade, como poderiam pensar alguns. A palavra **consenso** deriva do latim *cum*, "com", e *sentire*, "pensar ou sentir", o que etimologicamente daria à palavra o significado de "pensar ou sentir juntos". O consenso tende a ser orientado para soluções (pelo compromisso que gera entre os participantes com a solução); inclusivo (porque o maior número possível de participantes concorda com a decisão); igualitário (todos têm o mesmo grau de participação e envolvimento); participativo (porque ativamente solicita a participação de todos); cooperativo (porque busca a melhor decisão para o grupo e todos seus membros, e não da maioria em detrimento da minoria). Os defensores do consenso consideram o processo tradicional de decisão por maioria indesejável por diversas razões, a saber:

- É competitivo e não cooperativo.
- Estabelece uma dicotomia entre vencedores e vencidos que dificulta o comprometimento com a decisão.
- É alienador, pois submete a minoria ao domínio da maioria.
- A tirania da maioria exacerba o partidarismo, reduzindo a coesão e a efetividade do grupo.
- A decisão da maioria reduz a responsabilidade individual para com a decisão.[5]

---

5 WIKIPEDIA. *Consensus decision-making*. Disponível em: <http://en.wikipedia.org/wiki/Consensus_decision-making>. Acesso em: 25 maio 2007.

É importante estar sempre atento aos vieses que podem ser introduzidos e atrapalhar o processo de tomada de decisões. Contudo, é forçoso reconhecer que é sempre difícil precisar como, quando e por que eles ocorrem. Esse assunto tem sido motivo de debates intermináveis entre os teóricos que estudam o processo decisório. Abaixo, estão listados os vieses mais comumente encontrados nas tomadas de decisões em organizações de modo geral:

- Busca seletiva de evidências que apoiem conclusões desejadas por alguns participantes sem considerar outros fatos que possam ser igualmente ou mais relevantes.
- Interrupção da busca por evidências para aceitar a primeira alternativa que parece fazer sentido.
- Inércia para mudar padrões de pensamento já usados no passado diante de novas circunstâncias.
- Rebelião ou contrariedade para compartilhar opiniões com autoridade julgada opressiva.
- Má vontade ou inabilidade com novas experiências, rejeitando o novo ou aquilo com que não se está familiarizado.
- Percepção seletiva apenas para aquilo em que se tem interesse, em função de comportamento preconceituoso.
- Raciocínio ideologizado ou otimismo exagerado, em que se tende a ver a realidade em função de uma percepção distorcida.
- Memória seletiva que tende a afastar opções consideradas menos atrativas para o grupo.
- Tendência de dispensar mais atenção para fatos recentes ou de ampla divulgação, deixando de lado informações mais distantes ou menos divulgadas.
- Tendência em acreditar naquilo que foi mais intensamente repetido do que em diferentes fontes de informação.
- A primeira impressão que tende a delinear posturas e rechaçar informações subsequentes.
- Pressão do grupo de pares que forçam acordos na direção da opinião do grupo.
- Credibilidade da fonte que tem suas informações rejeitadas se isso tiver ocorrido por preconceito. Este viés atua tanto na direção positiva quanto na negativa.

- Inconsistência, quando se tende a não adotar os mesmos critérios em condições similares.
- Assimetria na atribuição de sucesso às habilidades e talentos do grupo ou da pessoa e fracassos à má sorte ou fatores externos; e o inverso quanto aos sucessos ou fracassos dos adversários.
- Subestimação da incerteza e ilusão do controle sobre situações incertas ou mal definidas.
- Generalizações indevidas para simplificar situações complexas.
- A força da opinião dos "gênios" ou daqueles que se acham gênios, cuja contribuição desastrosa pode até ser irreversível.
- Atribuição de causalidade quando as evidências sugerem apenas correlações.[6]

Esses vieses são, frequentemente, apresentados como falácias formais ou informais, isto é, como argumentos questionáveis. Reconhecer as falácias nos argumentos rotineiros pode ser difícil porque eles não raro estão envolvidos em padrões retóricos que obscurecem as conexões lógicas das afirmações. As falácias informais podem também explorar as emoções, fraquezas intelectuais ou psicológicas dos ouvintes. Ter a capacidade de reconhecer falácias nos argumentos apresentados é o primeiro passo para reduzir sua ocorrência e identificar vieses.[7]

Segundo alguns autores, as lideranças tomam decisões num processo intuitivo, inconsciente, baseado em reflexões constantes, nos hábitos e na experiência, nos sensos de oportunidades temporais e políticas, e não apenas em dados objetivos. Num ambiente dominado por contingências, surpresas constantes e mudanças rápidas, a ideia de um processo racional de decisão, com domínio absoluto sobre a sequência dos fatos, parece muito distante da realidade.[8] Em direta oposição a essa visão estão Tichy e Bennis, segundo os quais intuição é só o começo e que as decisões mais difíceis resultam de processos estruturados, que requerem investimento de tempo, energia e conhecimento; para eles, as escolhas mais críticas envolvem pessoas, estratégias e crises.[9] Quanto às primeiras, os autores afirmam que geralmente são as mais difíceis: por serem influenciadas por vínculos afetivos e preferências pessoais, despertam emoções que deflagram

6 WIKIPEDIA. *Consensus decision-making*. Disponível em: <http://en.wikipedia.org/wiki/Consensus_decision-making>. Acesso em: 25 maio 2007.

7 WIKIPEDIA. Disponível em: <http://en.wikipedia.org/wiki>. Acesso em: 28 maio 2007.

8 MOTTA, F. C. P.; VASCONCELOS , I. F. G. *Teoria geral da administração*. São Paulo: Thomson, 2002.

9 BENNIS, W.; TICHY, N. *How winning leaders make great calls*. New York: Penguin Group, 2007.

forças poderosas dentro das organizações. Noel Tichy, em visita ao Brasil, declarou que julgar é mais importante do que decidir e que, para ter bom julgamento, uma equipe deve compartilhar os valores da empresa. Ele acredita que não há fórmulas e que as decisões são boas quando os princípios básicos da empresa são levados em conta; é preciso entender o que a empresa faz e conhecer com clareza seus valores e sua cultura. Ainda segundo Tichy, ideias, valores e a noção da amplitude da ação são os pilares fundamentais a serem levados em conta no momento do julgamento.

Importante também é saber decidir quando se administram situações fora do normal, o que é totalmente diferente de decidir em situações de rotina. Para isso, é importante dispor de um manual (às vezes chamado de "manual de crises") que identifique equipes específicas e preparadas para enfrentar o problema. Tais equipes devem seguir à risca as determinações nele contidas, sem ceder às tentações emocionais para atuar fora dos ditames previstos. É importante estimular toda a organização para que continue a atuar tão normalmente quanto possível na condução das tarefas rotineiras, afastando as atividades de gerenciamento da situação anômala daquelas do dia a dia; ainda, é necessário impedir que pessoas incapazes de atuar sob pressão participem da gestão da situação. Transparência e honestidade na comunicação (que deverá ser abundante) também são fundamentais para a efetividade das decisões tomadas na vigência de uma crise. É preciso garantir comunicação rápida e transparente em todos os níveis da organização e mesmo fora dela; é fundamental manter um modo de captar e analisar informações e garantir ações nelas baseadas.

6

COMUNICAÇÃO

Neste capítulo será abordado o processo de comunicação interna e não aquele em que as organizações usam meios de comunicação de massa para conduzir suas mensagens para o público externo na chamada "comunicação organizacional ou empresarial". Também será estudada a capacidade dos líderes de se comunicarem com as pessoas dentro e fora da organização. Alguns autores definem a comunicação organizacional ou empresarial como "um conjunto integrado de ações, estratégias, planos, políticas e produtos planejados e desenvolvidos por uma organização para estabelecer a relação permanente e sistemática com todos os seus públicos de interesse".[1]

Assim, a comunicação, conforme vista neste capítulo, também estaria englobada nesse conceito. A ênfase está em criar condições para que os processos de decisão ocorram assim como os demais processos da liderança, principalmente na disseminação dos conceitos básicos da organização e das decisões que afetarão sua existência. Para isso, é necessário uma comunicação apurada e confiável e que se dissemine de maneira transparente em todas as direções. Comunicação é um dos processos mais difíceis em qualquer organização, mesmo porque sua concretização é difícil em qualquer ambiente. Para ter ideia da dificuldade que a envolve, basta lembrar da brincadeira do telefone sem fio da qual todos já participaram pelo menos uma vez na vida. Nela, os participantes geralmente se dispõem sentados em um círculo e uma pessoa recebe ao ouvido uma mensagem que deverá ser retransmitida em voz baixa ao ouvido da pessoa seguinte, e assim por diante até o último do círculo, que deverá repetir em voz alta a mensagem na forma que lhe foi retransmitida. A mensagem final nunca está de acordo com aquela originalmente transmitida, conforme se pode constatar pela leitura ao final, em voz alta, do que foi dito ao primeiro participante. São hilárias as distorções que a mensagem sofre à medida que progride de uma pessoa a outra, por mais que cada membro do grupo faça um esforço genuíno para transmitir exatamente o que lhe foi passado.

---

1 BUENO, W. C. *Comunicação empresarial*: políticas e estratégias. São Paulo: Saraiva, 2009.

Diz-se que o mundo vive a era da comunicação; às vezes se pode pensar que a pletora de meios de comunicação tenha saturado a capacidade de os seres humanos se comunicarem em vez de facilitá-la. Costuma-se dizer que uma das grandes habilidades necessárias no mundo atual é saber filtrar e escolher as informações que de fato interessam, tamanha é a quantidade de dados, indicadores e informações disponíveis para a tomada de decisões. Por isso, atenção é uma condicionante importante para quem exerce alguma função de liderança.

As pessoas vivem se comunicando e por isso seria possível que já teriam aprendido a fazê-lo – ledo engano. Formalmente não parece difícil definir como a comunicação deveria se dar num ambiente organizacional; mas na prática isso nem sempre acontece. Pelo contrário, as organizações hoje estão dominadas por um jargão politicamente correto, porém nem sempre "comunicativamente" correto; trata-se de uma profusão de palavras vazias e frases muitas vezes sem o menor sentido, usadas apenas para demonstrar erudição e uma pretensa atualização na "moderna" ciência da administração. O uso indiscriminado de expressões, não raro importadas, agrega pouco ou quase nada à compreensão das realidades e necessidades das organizações locais. Talvez esse fato se deva à profusão de MBAs, gurus, consultores e livros miraculosos sobre administração que inundam o ambiente organizacional sem facilitar a comunicação e confundindo os não iniciados e, às vezes, também os iniciados. Portanto, cuidado com a verborragia das expressões incompreensíveis e vazias, com frequência citadas em língua estrangeira, mas que não comunicam nem agregam nada.

Cabe à liderança definir os padrões e estilos de comunicação desejados dentro da organização, e deve fazê-lo formal e informalmente. Formalmente por meio de reuniões, memorandos e comunicados internos, boletins, redes sociais, grupos de *whatsapp* e outras formas possíveis. Informalmente pelo exemplo, o comportamento diário e a definição de um estilo próprio para a organização. Um aspecto importante do estilo diz respeito ao grau de franqueza. Jack Welch destaca que várias empresas "reduziram seu ritmo e depois foram paralisadas pela tendência humana de amenizar mensagens duras e urgentes, com um tom de falsa bondade ou de falso otimismo". Ele ressalta que isso fica mais evidente quando se trata de comunicar um mau desempenho; com frequência, gestores procuram evitar fazer tal comunicação até que numa explosão de frustração acabam demitindo a pessoa cujo desempenho foi considerado ruim sem que ela sequer tenha sido informada disso. A falta de franqueza pode atrapalhar muitas conversas dentro de uma organização e a forma de evitar isso é ter coragem para começar a usá-la, por mais difícil que seja. Talvez a forma de fazê-lo seja introduzir maneiras de paulatinamente incluí-la na cultura da organização com o uso de frases do tipo: "O que você está querendo realmente dizer?" ou "O que eu estou entendendo do que você disse é...". Introduzir franqueza e transparência na cultura de uma organização não é tarefa fácil nem desprovida de riscos, portanto não pode ser feita abruptamente. É preciso ir devagar e o uso do humor é um grande aliado para não transformar a organização num campo de batalha com estocadas de todos os lados.[2]

Há muitas e diferentes formas de comunicação que contribuem na criação da cultura organizacional:

- Metáforas, tais como comparar a organização a uma árvore ou a uma família revelando significados compartilhados pelos membros de experiências vividas dentro da organização. É preciso cuidado ao usar esse expediente, pois nem sempre as metáforas podem ser facilmente entendidas por todos: elas podem acabar mais confundindo do que facilitando a comunicação. É preciso ter clareza que uma organização não é nem deve ser "uma grande família", pela simples razão que a lógica da família é uma (amor, cumplicidade, dependência mútua e outras), enquanto a lógica da organização é outra (eficiência, eficácia e efetividade, por exemplo). É temerário implantar uma cultura organizacional que privilegie a comunicação como se fosse familiar.
- Comentários reflexivos para explicar, justificar e criticar as próprias ações. Esses comentários revelam significados interpretativos, tanto de quem os expressa como das regras sociais a que essa pessoa obedece. Eles podem ser:
  - planos que são comentários sobre antecipação das ações;
  - comentários sobre ações no presente;
  - histórias sobre ações passadas.
- Histórias que podem mostrar exemplos para as pessoas que trabalham na organização de como (ou não) atuar em determinadas situações.
- Temas fantasiosos que são interpretações comuns e criativas de eventos que refletem crenças, valores e objetivos da organização Eles conduzem a visões retóricas da organização ou que podem ser sustentadas por seus membros.

2 *Exame*, p. 96, 09 nov. 2005.

- Ritos e cerimônias que combinam histórias, metáforas e símbolos numa coisa só. Há diferentes ritos que afetam a cultura das organizações:
  - de passagem, quando uma pessoa é designada para um novo papel dentro da organização;
  - de degradação, quando o poder de que uma pessoa desfruta na organização é retirado;
  - de melhoria por meio de reconhecimento público por bons resultados;
  - de renovação pela melhoria das estruturas sociais existentes;
  - para redução de conflitos entre certos membros dos grupos na organização;
  - de integração ou de reintegração para reforçar certos sentimentos dentro da organização.[3]

Outro aspecto importante com relação ao estilo de comunicação são os rumores e boatos. Não se faz menção aqui às fofocas, mas sim às conversas entre companheiros de trabalho, gerentes e executivos sobre problemas relacionados ao trabalho, porém discutidos com quem não pode fazer nada para resolvê-los. Só aqueles que têm condições de resolver algum problema dentro da organização deveriam ter acesso às informações relacionadas ao problema, caso contrário a informação provoca elocubrações estéreis e inúteis. A tendência a reclamar faz parte do comportamento humano, e os rumores e boatos são comuns na maioria das organizações, no entanto isso não os torna produtivos; pelo contrário: eles alimentam o ressentimento e se tornam bloqueios para a comunicação franca e a colaboração. Por mais extremo que possa parecer, alguns autores recomendam a tolerância zero para combatê-los. O principal executivo (ou o diretor com maior credibilidade por experiência ou tempo de casa) comunica a implantação dessa política, que deve ser seguida pela organização de maneira que todos se sintam responsáveis por ela, lembrando uns aos outros quando alguém esteja quebrando o acordo e passando adiante algum rumor ou boato; se não se tem interesse em passar adiante a informação nem se tem poder para resolver o problema atrelado a ela, também não se deve ouvir nada sobre o rumor ou o boato.[4]

O estilo de liderança da organização vai definir as premissas para a comunicação acontecer: se ela se fará predominantemente de cima para baixo; de baixo

---

3 SMIRCICH, L.; CALS, M. B. *Critical perspectives on organization and management theory*. [S.l.]: Dartmouth, 1995.

4 WEISSENBERGER, B. *Business Week Online*, 3 nov. 2009.

para cima; para os lados (no mesmo nível hierárquico); ou em todas as direções, indiferentemente. A comunicação formal de cima para baixo se faz por diversos meios, que conduzem:

- ordens;
- avisos;
- diretrizes;
- procedimentos;
- regras de comportamento;
- pedidos;
- memorandos;
- informações em geral.

Esses elementos se encontram nos manuais de rotinas e procedimentos que explicitam as políticas básicas da organização. Já o fluxo ascendente se fará por meio de:

- entrevistas;
- reuniões;
- sistemas de sugestões;
- relatórios;
- pesquisa de clima organizacional.

O fluxo horizontal, no mesmo nível hierárquico, é feito por meio de e-mails, redes sociais, *whatsapp*, telefonemas, cartas, memorandos, conferências, reuniões e contatos informais. O objetivo dessa comunicação é discutir problemas de interesse mútuo, trocar ideias, intercambiar experiências e prevenir problemas. A liderança madura, segura e estável não temerá esse fluxo; pelo contrário, o estimulará. Diz-se que a oralidade é a forma mais efetiva de comunicação organizacional, a principal ferramenta para integrar e promover o relacionamento nas organizações.[5]

A palavra **comunicar** vem do latim *comunicare*, que significa "pôr em comum". Segundo Gilbert Highet, "não existe uma só atividade humana que não possa ser promovida por meio da comunicação". Ela se dá por meio da emissão e recepção de sinais: tinta sobre papel (impressa); condensação ou rarefação do ar (falada);

5 DAMANTE, N. *Revista de Comunicação Empresarial*. Disponível em: <http://www.aberje.com.br>. Acesso em: 03 set. 2008.

raios de luz refletida (imagens); *bits* e *bites* (eletrônica). Tais sinais só fazem sentido quando a experiência dos emissores e receptores lhes atribuem significado. Essa experiência constitui o sistema de referência das pessoas e a comunicação só pode acontecer nos termos de um sistema de referência comum.[6] A comunicação nas organizações serviria, entre outras coisas, para motivar os indivíduos, porém isso não acontece porque não há substrato de referência para tanto. É importante lembrar que, conceitualmente, ninguém motiva ninguém. O que pode ser feito é criar condições para que aflore a motivação intrínseca para que as pessoas tenham vontade de fazer alguma coisa; alguns até dizem que a palavra **motivação** significa "ter vontade de". Essa é a tarefa de comunicação da liderança: levar os envolvidos a "ter vontade de realizar algo em comum".

A comunicação é elemento fundamental para definir a cultura organizacional; por meio dela chegarão a todos os níveis da organização as mensagens que se queira transmitir e se terá condição de absorver as expectativas e ansiedades da equipe de trabalho. Para que a comunicação ocorra, não só é necessário que o emissor da mensagem a produza de maneira correta e inteligível, como também que o receptor esteja disposto e em condições de recebê-la. Para tanto, é fundamental que o meio de comunicação permita o fluxo da mensagem, embora não deva se esgotar aí a preocupação com o processo; é imprescindível que o receptor atue em função da mensagem e promova a mudança nela prevista. Caso contrário, a comunicação não terá se concretizado. Donde se depreende que a mensagem final é "elaborada" pelo receptor; ele é tão ou mais importante que o emissor, uma vez que a mensagem só tem sentido na medida em que o receptor atue sobre ela. Fica claro, portanto, que a comunicação é uma via de mão dupla que exige confiança mútua para acontecer. Por mais formal que seja a comunicação no ambiente organizacional, ela sempre se faz entre pessoas e seus sistemas de referência.

É importante destacar dois aspectos da comunicação: a verbal e a não verbal. Na verbal, está a forma mais comum de comunicação, enquanto na não verbal se encontra, talvez, a essência da comunicação, pois diz muito mais que a anterior. Na não verbal, estão incluídos o contato do olhar, as expressões faciais, o tom de voz, a linguagem corporal, os gestos etc. Se o tom de voz, a linguagem corporal e as palavras não estiverem alinhadas ou combinadas, deve-se prestar atenção, porque algo está errado na comunicação. Especialistas dizem que há muito mais

---

6 BARCELLOS, F. *A psicologia aplicada:* administração de empresas. São Paulo: Ediouro, 1984.

comunicação na linguagem não verbal do que na verbal. Por isso, é importante aprender a decifrar as pessoas; algumas habilidades individuais são necessárias para isso, a saber:

- Aprenda a entender as pessoas. Passar mais tempo com elas é o melhor modo de aprender a fazê-lo.
- Pare, olhe e ouça; não há substituto para a paciência e a atenção. Por alguma razão, os seres humanos foram dotados de duas orelhas e só uma boca: seria para ouvir mais do que para falar.
- Revele algo de si próprio; é preciso se abrir primeiro para conseguir que os outros se abram.
- Saiba o que está procurando. Sempre há chance de se desapontar, a menos que se saiba o que se está procurando.
- Seja objetivo. A objetividade é essencial para decifrar as pessoas, mas é uma habilidade muito difícil de ser desenvolvida.

A maior parte das dificuldades com a objetividade se deve a algum grau de dissonância cognitiva ou de pensamento ilusório. A dissonância cognitiva é uma tensão entre o que uma pessoa pensa ou acredita e aquilo que faz; já o pensamento ilusório significa tomar os desejos por realidade e decidir com base neles, e não na racionalidade. Como consequência, podem-se identificar quatro estados mentais que fazem as pessoas perderem a objetividade:

1. compromisso emocional;
2. carência;
3. medo;
4. defesa.

A probabilidade de permanecer objetivo é maior se não se tomam decisões sob influência desses quatro estados mentais. Só se podem decifrar pessoas se a objetividade for mantida, e isso é tanto mais fácil quanto mais formal for a comunicação; se houver envolvimento pessoal e a informalidade prevalecer, fica difícil manter a objetividade. Nem sempre a mensagem é o mais importante para que a comunicação aconteça, mas sim como ela é transmitida. Muitas vezes é preciso ouvir o que não foi dito; decodificar as pistas verbais (a entonação, timbre e ênfase da voz, o ritmo da fala etc.). Para isso, é preciso ser um bom ouvinte:

- não interromper indevidamente o interlocutor;
- mostrar empatia, sem condenar nem discutir desnecessariamente ou ser arrogante;
- aproximar-se fisicamente (sem ser invasivo), removendo obstáculos físicos;
- ouvir com todos os sentidos;
- envolver-se com o interlocutor, mas não intensamente a ponto de perder a objetividade;
- ter consciência da própria linguagem corporal;
- falar sobre si sem ficar íntimo desnecessariamente;
- levar em conta o contexto em que a comunicação acontece;
- livrar-se de distrações;
- colocar-se na posição de receber e dar informações;
- saber fazer boas perguntas em situações diferentes;
- não permitir desvios na conversa (interrupções, divagações, mudanças de assunto);
- prestar atenção nos hábitos reveladores do interlocutor (comportamentos defensivos ou insinuantes, exageros e fanfarronices, autocrítica exacerbada, humor, sarcasmo, informações não solicitadas etc.).[7]

As principais falhas na comunicação se devem à complexidade do comportamento humano, influenciado por diferenças de idade, gênero, cultura, etnia, educação, nível de escolaridade e grau de especialização, condição socioeconômica, religião e outros interesses. O comportamento também é afetado pelos estados de humor, condições fisiológicas (cansaço e grau de atenção) e emocionais, as suscetibilidades, a indulgência de alguns indivíduos se deixarem levar por seus preconceitos, pela autossuficiência e arrogância. Ou seja, o comportamento humano condiciona o sistema de referência das pessoas e, portanto, leva a uma maior ou menor facilidade de comunicação entre elas. Também se deve lembrar da importância da linguagem, do vocabulário, do mau emprego de palavras e frases, dos vícios de linguagem, assim como de algumas deficiências pessoais dos que se comunicam: surdez, gagueira, tiques nervosos etc. Outra grande dificuldade na comunicação é quando as pessoas estão no que Senge chama de "abertura fechada", ou seja, quando todos sentem que têm direito a manifestar sua opinião ainda que ninguém a esteja escutando ou reagindo a ela. Trata-se de

---

7 DIMITRIUS, J.; MAZZARELLA, M. *Decifrar pessoas*: como entender e prever o comportamento humano. São Paulo: Alegro, 2000.

"falar para" e não de "falar com", o que se constitui num grande empecilho para a comunicação genuína e verdadeira.[8]

A função de liderar pressupõe a capacidade de comunicação. Os líderes devem aprimorar suas capacidades de comunicar-se oralmente, por escrito ou não verbalmente. É difícil conviver com a ideia de líderes que não sabem se comunicar. Líderes são comunicadores porque são responsáveis pela disseminação dos conceitos básicos que servem de referência para a organização. Nesse sentido, são verdadeiros professores e, como eles, também precisam saber usar algumas expressões que iniciam a comunicação e são verdadeiras fontes de poder: "Parabéns pelo trabalho bem-feito"; "Qual a sua ideia sobre este assunto?"; "Como você acha que podemos resolver isso?". O bom professor escuta seus alunos para identificar as necessidades de aprendizado; assim também deve agir o bom líder. Ouvir tem mais a ver com comunicação do que falar. Dizem que um gênio teria fornecido uma fórmula matemática para o êxito na comunicação e, entre as variáveis dessa equação, havia uma que dizia: "Calar a tempo".

6.1 Reuniões

Reuniões são maneiras claras de promover a comunicação formal dentro das organizações. Pela sua importância dedica-se um tópico especial a elas. São práticas gerenciais presentes em todas as organizações – às vezes, excessivamente presentes. Faz-se reunião para tudo e pelos mais diferentes motivos, e também até sem motivo. Com frequência, as reuniões são aleatórias e sem sentido e deixam os participantes com a sensação de que se trata de uma prática inútil. Isso gera muita frustração e desesperança, pois não se sabe por que nem para que aconteceu a reunião. Alguns cínicos se referem a esse fenômeno como se fosse uma doença: a "reunionite". Calcula-se que, em organizações dos Estados Unidos, ocorram 11 milhões de reuniões todos os dias. Naquele país, a maioria dos profissionais participa em média de 61,8 reuniões por mês, e pesquisas indicam que 50% delas não passam de perda de tempo. Se cada reunião leva em média uma hora, pode-se dizer que esses profissionais perdem 31 horas por mês, fazendo nada; isso equivale a quase quatro dias de trabalho desperdiçados mensalmente.[9]

---

8 SENGE, P. M. *The fifth discipline*: the art and practice of the learning organization. New York: Doubleday/Currency, 1990.

9 NELSON, R. B. *Better business meetings*. Burr Ridge: Irwin Inc., 1995. p. 5.

Pesquisa feita com profissionais que participam regularmente de reuniões demonstrou que 91% admitiram sonhar acordados durante algumas delas; 96% faltaram sem necessidade a algumas ou a parte delas (95%); 73% trouxeram outro trabalho para fazer durante sua realização; e 37% admitiram ter cochilado durante as reuniões.[10]

Alguns dos efeitos diretos de reuniões improdutivas incluem:

- reuniões longas, pouco eficientes e que geram poucos resultados;
- cada vez mais reuniões são necessárias para atingir os mesmos objetivos;
- com tanto tempo perdido em reuniões, as pessoas não têm tempo para cumprir suas funções dentro da organização;
- a falta de efetividade das reuniões gera frustração em todos os níveis da organização;
- informações geradas em reuniões não produtivas em geral não são gerenciadas adequadamente;
- reuniões ineficientes custam bilhões a cada ano para as organizações em tempo perdido.

Para evitar as reuniões improdutivas, vários executivos têm tentado programar soluções, às vezes folclóricas e extremas, mas que bem demonstram a insatisfação generalizada quanto a essa prática de gestão. Há organizações que limitam o tempo de reunião para que os participantes não se delonguem em deblaterações sem-fim; 15 minutos têm sido o limite em algumas organizações com extremos de no máximo cinco minutos. Também há o caso de organizações que determinam que as reuniões devam ser realizadas em pé: elas partem do pressuposto de que os participantes se cansarão logo e não terão disposição para perder tempo com coisas que não sejam do estrito interesse do encontro. Há ainda o caso de grupos de diretorias ou gerências que compartilham uma grande mesa no dia a dia, de tal forma que não precisam de reuniões e fazem a troca constante de informações uns com os outros, sem a necessidade de encontros formais para discutir qualquer assunto que não esteja na pauta das conversas diárias à volta dessa mesa. Embora haja consenso entre os profissionais quanto à necessidade de as reuniões serem mais produtivas, pouco se faz para melhorá-las. Isso se deve a alguns fatores, como:

---

10 GREENWICH, C. T.; NELSON, R. B. *A network MCI conferencing white paper, meetings in America*: a study of trends, costs and attitudes toward business travel, teleconferencing, and their impact on productivity. (S.I.): Infocomm, 1998. p. 10.

- A maioria das pessoas nunca participou de ou testemunhou o poder de uma reunião realmente efetiva e, portanto, não reconhece a importância de melhores reuniões.
- Para muitos, parece ser mais conveniente continuar com as reuniões da forma como são em geral conduzidas, apesar de sua ineficiência.
- Muitos grupos simplesmente não têm acesso à informação de como melhorar suas reuniões.
- A maioria das pessoas sente que mal sobra tempo para completar as tarefas do dia a dia, quanto mais se preocupar em promover melhoras nas reuniões.
- Os administradores em geral parecem não considerar o impacto que as reuniões têm nas bases de qualquer organização.

Deve-se cotejar a "reunionite" com a falta de reuniões ou outros instrumentos de comunicação que poderiam substituí-las: conversas ao telefone; e-mails; memorandos, cartas ou outras formas de comunicação escrita em papel, grupos de *whatsapp*. O observador atento verá que cada uma dessas formas tem uso próprio, sem, contudo, eliminar a necessidade de reuniões – desde que sejam apropriadamente indicadas e conduzidas. Reuniões são importantes como instrumentos de comunicação institucional e deveriam ser utilizadas como tal pelos líderes das organizações.

O segredo de uma reunião eficaz, eficiente e efetiva é decidir previamente sobre o tipo de encontro a ser realizado. É necessário preparo para que produzam efeitos benéficos. A rigor, não deveriam ser realizadas mais reuniões do que aquelas estritamente necessárias e definidas por um sistema agendado no princípio de qualquer ciclo da organização e monitorado pelas esferas administrativas mais altas. Esse sistema de reuniões definiria com que frequência o nível estratégico se reuniria e para quê, com quais expectativas de resultado; o mesmo é válido para os níveis intermediários (gerenciais) e operacionais. Dessa forma, as informações fluiriam ordenada e previsivelmente dos níveis mais altos da organização até a base da pirâmide e vice-versa em termos de sugestões e reivindicações. Ninguém deveria se reunir fora do esquema planejado no sistema de reuniões, a não ser em condições excepcionais e imprevisíveis.

De modo geral, é preciso que o coordenador de uma reunião atente para os detalhes formais de preparação de sua estrutura; quase sempre o que se vê são pessoas preocupadas com o conteúdo e que negligenciam o formato. Diferentes tipos de reunião exigem diferentes formas de preparação e produzem diferentes resultados:

- Reunião para tomada de decisão conjunta:
  - agenda;
  - ata.
- Reunião para análise conjunta de documentos:
  - agenda;
  - distribuição prévia do documento a ser analisado;
  - ata.
- Reunião para preparar declaração, comunicação ou comunicado à imprensa:
  - preparo prévio de uma minuta;
  - comunicação final.
- Reunião para fazer comunicação:
  - faz-se a comunicação;
  - abertura para discussão ou compreensão detalhada.
- Reunião em que alguém (ou várias pessoas) relata(m) um assunto:
  - a discussão se restringe ao assunto relatado;
  - todos os relatos devem ter limite de tempo.
- Reunião para colocar as pessoas em contato com o gerente:
  - agenda;
  - preparo prévio dos participantes.

Um bom coordenador de reuniões sempre apresenta, no início do encontro, o objetivo a ser alcançado e a contribuição esperada; ele se assegura de que todos se atenham ao objetivo. Não permite que a reunião destinada a informar se transforme em conversa informal na qual todos apresentam livremente suas ideias "brilhantes". Para que isso não aconteça, algumas ações são necessárias:

- identificar os objetivos e as contribuições específicas esperadas de cada reunião;
- determinar o tipo de reunião que deve ser realizada e, depois, ater-se ao formato apropriado;
- concluir a reunião assim que se percebe que o objetivo esperado foi atingido;
- não levantar questões adicionais para discussão;
- fazer um resumo da reunião e das medidas a serem tomadas e, em seguida, encerrá-la;

- fazer acompanhamento para verificar se as medidas acordadas na reunião foram tomadas.

Realizar reuniões nos níveis mais altos que sejam focadas e produtivas é um sinal de maturidade da governança corporativa e envia sinais importantes para o resto da organização; a avaliação constante dessas práticas e a aplicação de melhorias necessárias também demonstram a qualidade desses níveis, com repercussão em toda a organização. Andy Grove, principal executivo da Intel, foi responsável durante muitos anos pelo curso de gestão de reuniões que a empresa oferecia a todos seus executivos. Ele achava que boas reuniões eram um item tão importante para a cultura da Intel que considerava seu tempo bem empregado ao ensinar a seus funcionários como conduzir e se comportar em reuniões.[11] Na verdade, a maioria dos profissionais não tem nenhum treino em gerenciá-las efetivamente; eles nem sequer reconhecem o enorme impacto que elas podem ter sobre a organização e sobre suas carreiras.[12]

Reunião efetiva é resultado de propósitos claros, agenda definida, informação resumida para os tópicos em discussão e processo específico de tomada de decisões. Um componente-chave é a agenda definida e conhecida de todos. Às vezes os participantes são reféns de uma agenda estática e determinada com critérios desconhecidos; isso é ruim. Uma agenda efetiva deve focar primeiro os itens que exijam decisões mais urgentes, chamando a atenção dos participantes e despertando neles o interesse em participar. De modo geral, podem-se resumir os pontos importantes para uma boa reunião em sete tópicos, apresentados a seguir.

1. Definir com clareza os propósitos e objetivos da reunião numa agenda prévia.
2. Começar a reunião com uma pequena introdução, homogeneizando o conhecimento de todos sobre os assuntos que serão discutidos.
3. Envolver todos os participantes.
4. Assegurar-se de que todos entendam o que está acontecendo e sendo discutido.

---

11 MATSON, E. The seven sins of deadly meetings. *Fast Company*, 1996. Disponível em: <https://www.fastcompany.com/26726/seven-sins-deadly-meetings>. Acesso em: abr. 2018.

12 KIEFFER, G. D. *The strategy of meetings*. New York: Simon & Schuster, 1988.

5. Lembrar-se de que é importante se manter dentro de um horário estipulado.
6. Definir tarefas.
7. Terminar a reunião com um breve resumo das decisões e tarefas atribuídas a cada um.

Em função desses tópicos, pode-se desenhar um roteiro para avaliar uma reunião:

- A pauta estava alinhada (coerente) com a missão, a visão e as estratégias da organização?
- A reunião tinha objetivos específicos, e eles foram alcançados?
- A pauta continha informações para facilitar uma tomada de decisão informada?
- Todos os membros da reunião participaram?
- Mais tempo foi gasto com o passado do que com o futuro?
- Todos vieram para a reunião preparados? Leram o material distribuído?
- A reunião começou e terminou na hora prevista? O tempo foi bem usado?
- Você acha que a reunião foi desafiadora e produtiva?
- A reunião foi conduzida eficaz e objetivamente?
- Todos aprenderam alguma coisa com a reunião?
- Todos saíram entusiasmados e cheios de energia?
- Como a reunião poderia ter sido melhor?

Existe uma técnica para facilitar a boa comunicação em reuniões organizacionais: o diálogo. Não se trata de um diálogo comum, mas de regras específicas de comportamento dos participantes para atingir melhores resultados. Na introdução deste livro há uma citação do criador e disseminador dessa técnica que retrata bem o que dela se pretende. Trata-se de desenvolver entre os membros de uma organização a prática de "pensar juntos". A palavra **diálogo**, de origem grega, significa fluxo livre de significação entre as pessoas, permitindo a descoberta de abordagens e visões sobre um tema que não seriam possíveis individualmente.

O diálogo, como visto aqui, difere das discussões comuns; nele se dá preferência para a coerência e a verdade, enquanto a discussão parece trazer implícita a ideia de vencer o oponente. No diálogo, busca-se que a conversa adquira vida própria, levando os participantes para direções não previstas ou planejadas. É preciso abertura de espírito para poder participar do diálogo. De certa forma, essa técnica reproduz as práticas dos filósofos socráticos gregos. David Bohm, seu criador, é um especialista em física quântica na Universidade Harvard, onde desenvolve seminários sobre o diálogo.[13]

São princípios do diálogo, como técnica de reunião e para promover a melhor comunicação organizacional:

- o grupo concorda que nenhuma decisão será tomada pelos membros durante o diálogo;
- cada um dos participantes concorda em suspender seus juízos de valor durante o diálogo;
- assim como esses participantes suspendem seus juízos de valor, também serão tão honestos e transparentes quanto possível;
- os participantes se consideram colegas e não adversários;
- os participantes tentam construir novas ideias a partir das contribuições dos demais participantes.

13 SENGE, 1990.

7

NEGOCIAÇÃO

O conflito está embutido nas organizações assim como na maioria dos grupos humanos. A capacidade de lidar com ele é uma das chaves para conseguir que as coisas aconteçam conforme o planejado. A noção de conflito no ambiente organizacional existe desde que os homens se organizaram para fazer coisas juntos, mas no passado ele se mantinha mais ou menos oculto nas estruturas hierárquicas, nas regras formais de procedimento ou nas ideologias prevalentes. Antigamente, com educação mais estrita e condutas mais regradas por normas rígidas, era maior a tendência a aceitar os procedimentos organizacionais sem questioná-los. Com o advento de novas tendências educacionais em casa e nas escolas, as pessoas se sentem mais à vontade para expressar sua individualidade e delimitar seus espaços de maneira mais segura e autossuficiente. Nesse contexto, a negociação se impõe mais do que nunca.

Negociação é uma atividade constante no processo de tomada de decisão na sociedade. Duas ou mais pessoas, de alguma forma interdependente e com interesses comuns – ou às vezes conflitantes –, se envolvem em comunicação bilateral (ou multilateral) com vistas a chegar a um acordo. Disso se depreende que todas as interações da liderança são basicamente negociações, nas quais as linhas de autoridade nem sempre têm muito valor. Frequentemente, o líder opera em situações em que a responsabilidade excede a autoridade; a responsabilidade e o domínio do processo por um subordinado podem exceder a autoridade técnica do líder. Nesse caso, na liderança tradicional, o líder poderia se considerar refém do subordinado e até afrontado por ele e se sentiria quase na obrigação de impor sua posição, sem que isso necessariamente resultasse em algo correto.

Em estruturas de redes prevalentes nas organizações modernas ou em equipes de trabalho, o líder é mais uma voz entre muitas, com uma tarefa a realizar, um papel a representar; para conseguir fazer seu trabalho, ele tem de negociar com vários interesses internos e externos à organização. O ex-presidente Fernando Henrique Cardoso, em entrevista concedida ao jornal *O Estado de S. Paulo*, quando perguntado a respeito do poder de um presidente, foi direto na sua resposta: "poder de convencimento"; para ele, um presidente tem de negociar constantemente com os diversos atores da cena política.[1] À medida que as organizações e as interações dentro delas se tornam mais complexas, maior é a necessidade de negociação. Para se tornar um negociador efetivo é importante conhecer os princípios do processo de negociação.

Negociação é a ciência da observação precisa, das suposições realistas, da análise factual correta, das inferências lógicas. Do comportamento planejado e da apresentação mais adequada às diversas situações que se apresentam no decurso das transações. Portanto, não é uma arte inata cujo sucesso só é alcançado por alguns iluminados. Da mesma forma como se podem preparar as pessoas para a liderança, assim também funciona com relação à negociação. Como vendas é uma função que se resume a uma negociação, é comum ouvir que "fulano nasceu para ser vendedor"; sim, mas quem não nasceu com esse "dom" também pode aprendê-lo, desde que se disponha genuinamente. É claro que quem não estiver disposto a mudar comportamentos, a gostar das pessoas e a ceder em suas convicções no tocante ao que seja "ser vendedor" não terá sucesso na função; é preciso querer ser vendedor e trabalhar para isso, assim como é preciso querer ser negociador e trabalhar para isso.

Os dicionários de modo geral definem negociação como "reuniões com outra(s) pessoa(s) com a finalidade de se chegar a acordos em assuntos determinados".[2] O processo de negociação inclui:

- conhecimento das partes interessadas;
- definição dos termos em negociação;
- análise do poder de barganha de cada um dos participantes;
- consideração de diferentes modelos de negociação;
- planejamento e execução do processo de busca pelo acordo.

Para conduzir esse processo, é importante que o líder conheça sua habilidade e capacidade para fazê-lo: reconhecer seus pontos fortes e oportunidades para melhoria e as habilidades que deverá desenvolver para incrementar sua capacidade como negociador.[3] O processo de negociação tem sido amplamente estudado sob vários aspectos que podem influenciar seu resultado. Dentre eles, destacam-se:

1 RACY, S. *O Estado de S. Paulo*, Coluna Direto da Fonte, Caderno 2, 21 fev. 2011.

2 SPERBER, P. *Fail-safe business negotiating*. New York: Prentice Hall, 1982.

3 FISHER, R.; URY, W. *Como chegar ao sim*: a negociação de acordos sem concessões. Imago: Rio de Janeiro, 1985.

- a presença ou a ausência de espectadores;
- a disponibilidade de terceiros para interagir ou assessorar o processo;
- o número de partes envolvidas (uni, bi ou multilateral);
- o local onde ela ocorre e sua arrumação (decorações, móveis e outras variáveis);
- comportamento das partes (ameaçador, impositivo, cooperativo ou competitivo);
- a duração prevista e o tempo disponível;
- a quantidade e o tipo de assuntos;
- poder de barganha de cada uma das partes;
- características dos negociadores: sexo, idade, inteligência, condição econômica, social e ética (ou ausência dela), religião, educação formal e treinamento em negociações.

É importante que o negociador conheça esses aspectos em cada caso para que possa conduzir bem o seu processo e conseguir equilíbrio entre a competição e a integração de interesses. Geralmente um processo de negociação envolve quatro momentos:

1. O planejamento.
2. A troca de argumentos.
3. A definição de algumas alternativas.
4. O término da negociação, que pode ser subsequente às fases anteriores ou ocorrer depois de os negociadores terem avaliado cada um dos argumentos e alternativas.

Para ajudar os negociadores, Costa Curta Junqueira sugere o que ele chama de os dez mandamentos do negociador (aqui expandidos para 13):

1. Comece a negociação fornecendo e solicitando informações e fatos; deixe para depois os tópicos que envolvam opiniões, julgamentos, valores. Os primeiros aproximam as pessoas, enquanto os outros aumentam os conflitos, ressaltam as diferenças, distanciam os negociadores. Deixe os pontos de conflito mais evidentes para o final; busque sempre pontos de concordância.

2. Procure colocar-se na pele do outro negociador. Isso o ajudará a compreender melhor a argumentação e as ideias dele.

3. Quaisquer ideias somente serão aceitas se forem boas para ambas as partes; nos contatos com o outro negociador, mostre como suas ideias podem ajudar a resolver os problemas dele.
4. Procure sempre fazer perguntas que demandem respostas além de sim ou não; assim você obterá mais informações e menos julgamentos. De modo geral, as pessoas gostam de responder a perguntas; saber fazê-las exige disposição e treino para ouvir.
5. A dimensão confiança é importantíssima no processo de negociação; procure ter atitudes geradoras de confiança em relação ao outro negociador. Se pensar em enganá-lo, lembre-se de que no futuro vocês podem ter de voltar a negociar. Mas certa dose de ceticismo também não faz mal a ninguém.
6. Evite fazer colocações definitivas ou radicais, mostre-se sempre pronto a render-se a uma argumentação diferente ou a ideias melhores que a sua. Autocontrole é importante para obter bons resultados em qualquer negociação.
7. Nunca encurrale ou pressione o outro negociador; por melhor que seja sua situação ou posição na negociação, é sempre interessante deixar uma saída honrosa para a outra parte.
8. Cada pessoa tem seu estilo de negociação e determinado tipo de necessidades e motivações; ao negociar, lembre-se dessas diferenças e busque apresentar suas ideias de forma adequada às características de comportamento e aos interesses do outro negociador. Leve em consideração diferenças regionais, étnicas, de gênero, trajetórias de vida, idade, profissões, entre outras.
9. Saiba ouvir, procure não atropelar verbalmente o outro negociador. Isso aumentará a confiança dele em você e o ajudará a conhecê-lo melhor.
10. Procure sempre olhar o outro negociador pelos seus aspectos positivos, pelas suas forças; evite concentrar-se nas características negativas de comportamento, em suas fraquezas. Essa abordagem é também fundamental para o sucesso da negociação.
11. Negocie até a exaustão se for preciso, mas não deixe nenhum tópico sem acordo porque esse ponto voltará mais tarde para gerar conflito e impedir o cumprimento de itens já acordados. Ocupe todo o tempo

que for necessário para que os envolvidos apresentem seus argumentos e pontos de vista; só depois parta para o fechamento da negociação. E a partir daí não negocie mais nem mude aquilo que foi decidido; diz-se que o que foi acordado não é caro.

12. Ponha-se na posição de quem quer ou precisa ser ajudado. É incrível observar quanto as pessoas querem ou parecem querer ajudar aos outros. Isso parece conferir-lhes algum poder sobre a outra pessoa.
13. Olho no olho ajuda; parece dar mais transparência à sua posição. Os olhos são o espelho da alma; "ver" a sua alma permitirá ao outro negociador ter mais confiança em você.

Nas organizações se negocia tudo: recursos; autoridade; bens e serviços; a melhora da produtividade; resolução de problemas; busca pela equidade e pela justiça; aprendizado; inovação; e muito mais. É preciso buscar sempre a negociação do tipo ganha/ganha, na qual ambos os negociadores ganham e ambos também cedem. Ninguém pode ser absoluto nesse processo e querer ganhar sempre e impiedosamente. O vencedor impiedoso gerará um inimigo rancoroso que estará sempre à espreita para dar o troco. Por maior que seja a tentação de trucidar o oponente e por mais que se tenham condições para isso, são sempre mais aconselháveis a humildade na vitória e a iniciativa de inclusão de todos os interessados na solução encontrada. Saber conceder à outra parte o direito de participar da solução demonstra grandeza de caráter, inteligência e sagacidade, como os bons negociadores sabem muito bem.

Fisher e Ury, do Massachusetts Institute of Technology (MIT), têm estudado o tema da negociação há anos e sugerem que o ponto crucial desse processo consiste em manter o foco nos interesses dos negociadores, e não nas posições. Eles diferenciam interesse, posição e tópicos da negociação. A título de exemplo, pode-se dizer que, numa negociação sobre salário entre empregado e empregador, o salário seria o tópico da discussão; o valor da remuneração, a posição de cada um; e o interesse seria a estabilidade financeira e melhoria do nível de vida buscadas pelo funcionário. Segundo aqueles pesquisadores, essa negociação deveria se cingir ao aspecto da estabilidade financeira e melhoria do nível de vida, em cujo terreno seria possível encontrar mais possibilidade de acordo do que no valor do salário; aqui poderiam ser negociados diferentes tipos de benefícios, bônus, tratamentos preferenciais e outros. De acordo com Fisher e Ury, os bons negociadores são os que conseguem buscar o maior número possível de opções para colocar na mesa na hora da negociação e para continuar negociando quando surgem os impasses.[4]

William Ury também fala sobre uma ferramenta de negociação importante que ele designa pelas iniciais Batna (do inglês *Best Alternative To a Negociated Agreement*, ou "a melhor alternativa para um acordo negociado"). Segundo Ury, a melhor alternativa para um acordo tem algumas vantagens sobre outras formas de negociação:

- é um plano de apoio, útil quando o "não" prevalece sobre o "se";
- dá certa sensação de liberdade porque sempre se tem uma alternativa quando a negociação não progride;
- funciona como *benchmark*, pois em qualquer fase da negociação sempre se pode perguntar o que é melhor: ceder ou usar a Batna?

A Batna representaria a melhor forma de atuação capaz de atender às necessidades do negociador quando não se chega a um consenso.[5]

Para explicar por que as pessoas em geral não pensam racional e logicamente em negociações, Keith Stanovich, da Universidade de Toronto, e Richard F. West, da Universidade James Madison, distinguem dois sistemas de raciocínio a que chamam de sistemas 1 e 2 de pensamento. O sistema 1 descreve a intuição: rápida, automatizada, sem esforço, e influenciada pela emoção. Comparativamente, o sistema 2 é mais lento, cauteloso, com energia focada e lógica. Quando se analisam com cuidado as opções existentes, usa-se o sistema 2. Quando se está simplesmente atuando por intuição, usa-se o sistema 1.

Todos se lembrarão de momentos em que atuaram intuitivamente (sistema 1), assim como quando avaliaram situações meticulosamente, utilizando a lógica do sistema 2. Isso faz parte da experiência de qualquer pessoa. Infelizmente muitos líderes tendem a usar o sistema 1 durante suas negociações. Essa tendência aumenta quando a situação é muito complexa, as dificuldades são imensas e os negociadores atingem um estado de sobrecarga cognitiva que lhes dificulta o pensamento lógico e o uso da racionalidade. Nesses momentos, a habilidade de processar informações chega ao limite e naturalmente se tende a um distanciamento do sistema 2.[6] O uso de todos os sentidos, que implica

---

4 FISHER, R.; Ury, W. *Agreement without giving in*. [S.l.: s.n.], 1981.

5 HSM EXPERIENCE. *A melhor alternativa na negociação*. HSM Educação Executiva, 01 jul. 2011. Disponível em: <https://experience.hsm.com.br/posts/a-melhor-alternativa-na-negociacao>. Acesso em: 21 mar. 2018.

6 BAZERMAN, M. H.; MALHORTA, D. *When not to trust your gut*. Disponível em: <http://hbswk.hbs.edu>. Acesso em: 22 dez. 2006.

prestar atenção o tempo todo, buscar pontos falhos no adversário em uma negociação, sempre fazer as perguntas corretas e apropriadas, não deixar a descoberto seus flancos e manter uma perspectiva ampla, consome muita energia física e mental, exaurindo qualquer um depois de algum tempo. Em contextos assim, há uma tendência natural para o emprego do sistema 1 de pensamento, que é mais confortável e se acomoda facilmente em qualquer mente cansada.

Porém, mesmo nesse caso, o negociador não poderá se deixar levar por preconceitos, raciocínios ideológicos e outras aderências fortes às posições. Preconceito, todos têm; eles são inerentes ao ser humano. O que não se pode aceitar é que ações e posições sejam dominadas por eles. É preciso não se deixar dominar pelos preconceitos e agir de maneira irracional, causando dano, dolo ou prejuízo. Bons negociadores são seres conscientes e maduros, que não se comportam de modo vil ou baixo. Diz-se que "mentes grandes discutem ideias; mentes medianas discutem eventos; e mentes pequenas discutem pessoas". Bons negociadores têm mente grande e não pensam nem atuam movidos por preconceitos.

É importante destacar o papel da improvisação porque, por mais que uma pessoa se prepare para uma negociação, sempre há grandes doses de imponderabilidade. Tal como os músicos de jazz que se preparam horas sem-fim para uma sessão de improvisação, também na comunicação, as coisas não sairão necessariamente como planejadas, a despeito de todo preparo prévio. Ainda assim, o bom negociador deverá guiar com habilidade a improvisação. Para isso, é bom treinar no reconhecimento e na classificação dos tipos possíveis de informação passíveis de ocorrer durante o processo de negociação:

- Relacional: transmite crenças e sentimentos sobre a relação entre os negociadores.
- Substantiva: relacionada com os fatos subjacentes à negociação.
- Procedimental: ajuda a entender, gerenciar e progredir no processo de negociação.[7]

Identificar e direcionar os diferentes significados que a informação é capaz de transmitir podem resultar no sucesso ou no insucesso da negociação. Caso se mostre habilitado a identificar essas nuances na informação, o negociador estará mais preparado para utilizá-las e conduzir o processo. A habilidade para

7 MCGINN, K. L. Why negotiation is like jazz. *Harvard Business School – Working Knowledge*. Disponível em: <https://hbswk.hbs.edu/item/negotiation-and-all-that-jazz2>. Acesso em: abr. 2018.

estabelecer *rapport*[8] e confiança é desafiante para qualquer candidato a exercer funções de liderança e que queira se dar bem em negociações. Trata-se da habilidade de se adaptar aos outros, obviamente sem perder a própria identidade; não se trata de comportamento igual ao do camaleão, que mimetiza as características de que necessita para passar despercebido e poder se defender ou atacar. O negociador nem defende nem ataca; a negociação não pode ser uma guerra, mas sim a busca por concordância e entendimento entre os negociadores. É a chamada negociação "ganha/ganha", assim denominada por ser considerada a melhor alternativa possível para as partes. Para sua consecução, é necessário dirigir a atenção da outra parte para uma área de consenso, ainda que ela represente apenas 1% do problema em discussão. As opiniões e convicções das pessoas são complexas e podem parecer controvertidas, mas sempre existe algo no sistema de valores delas com o qual se pode concordar e é nisso que se deve investir numa negociação, com entusiasmo e confiança.

As convicções podem ser classificadas em duas categorias: *internas* (pessoais ou emocionais); e *externas* (dos acontecimentos ou ligadas a alguma característica do tema em discussão). É preciso saber fazer a distinção entre elas quando os argumentos são apresentados e defendidos. Não se deve esquecer que, ao atacar convicções pessoais, a reação será pessoal; ao passo que, ao discutir convicções externas, é mais fácil fazer a ligação de uma característica ou vantagem com outras criadas pelo negociador no decorrer da negociação.[9] A negociação ganha/ganha é característica do bom negociador, aquele que os oponentes respeitam e que os empregadores reconhecem com ofertas de bons salários e benefícios, uma vez que está cada vez mais difícil encontrá-los. Para se tornar um, é preciso saber se comunicar; entender as pessoas; perceber suas motivações; e saber satisfazer suas necessidades sem abrir mão dos tópicos de seu interesse. É preciso saber pensar de maneira criativa para encontrar opções usando fatos e superando obstáculos ao entendimento. É preciso saber quando entrar e quando sair de uma negociação; entender que esse processo não é um jogo com vencedores e perdedores.[10]

---

8 Palavra de origem francesa. Em tradução literal, significa "concordância"; "harmonia no relacionamento"; "estabelecimento de vínculo".

9 MOINE, D.; HERD, J. *Modernas técnicas da persuasão*. São Paulo: Summus, 1988.

10 NIERENBERG, G. I. *The complete negotiator*. New York: Berkley Books, 1991.

8

SUCESSÃO

A sucessão é um tópico tão importante na administração que, no limite, se poderia dizer que se deveria indicar o sucessor ao mesmo tempo em que se indica uma pessoa para ocupar um cargo de liderança, principalmente na alta cúpula. Isso se explica pela importância que assume a falta súbita de um membro da cúpula, por morte, pedido de demissão inesperado, urgências familiares, incapacidade física ou mental, ou simplesmente férias ou viagens prolongadas.

Pesquisa realizada pela firma Heidrick & Struggles, a pedido da revista *Exame*, mostra que um executivo na faixa dos 30 anos de idade permanece 2,3 anos em média na mesma empresa e que os profissionais na faixa dos 30 aos 40 anos ficam, em média, 4,6 anos. No caso de executivos com mais de 50 anos, a permanência média por empresa em toda a carreira é de 6,9 anos.[1] Por isso também é importante o processo de sucessão. A organização como um todo deve saber com grande antecedência quem é o sucessor e por que ele foi indicado; quais são suas competências para o exercício do cargo. Isso dá tempo para treiná-lo naquelas competências em que apresente menor preparo para exercer o cargo no qual vai suceder o titular. Na impossibilidade de indicação precoce, aconselha-se não fazer a transição sem que o sucessor esteja preparado para assumir o cargo com antecedência mínima de seis meses a um ano.[2] Um processo estruturado de sucessão ajuda àqueles que saem a se desligar gradualmente do dia a dia da organização e evita traumas. Ainda assim, apenas 40% das grandes empresas norte-americanas apresentam processo definido de sucessão.[3] Anne Mulcahy, presidente mundial da Xerox, confessa que abrir mão do poder não é tão fácil quanto possa parecer. Ela resume de maneira simples e direta toda a dificuldade dos processos de sucessão em qualquer organização.[4] É necessário que o estudo da sucessão venha acompanhado de um estudo das condições em que

1 *Exame*, 25 ago. 2010.

2 *Exame*, 31 dez. 2007.

3 *Exame*, 31 dez. 2007.

4 *Exame*, 31 dez. 2007.

a organização vai operar no futuro; nem sempre o que serviu no passado será bom no futuro. Assim, o planejamento estratégico deverá definir que tipo de administrador será necessário a fim de adaptar as características do sucessor às demandas que o esperam. É muito comum definir o perfil do sucessor a partir do sucedido. Isso pode ser um erro.

Estudar a sucessão em empresas familiares pode ser um bom exercício porque nessas empresas ela parece ser sempre mais difícil. Tiago Lethbridge[5] enumera cinco características essenciais que determinariam o sucesso de um herdeiro no comando de uma empresa familiar. São elas:

1. Paixão pelo negócio.
2. Competência técnica.
3. Experiência externa.
4. Vontade de deixar sua marca.
5. Habilidade política.

Cristiane Correa e Giuliana Napolitano[6] afirmam que, entre as crenças da GP Investimento, está a de que "um negócio só prospera de verdade se seus líderes puderem ser substituídos por pessoas mais competentes"; elas completam dizendo que a geração que está no poder (em qualquer organização) deve sempre ser, necessariamente, melhor que a anterior. Essa é a ordem natural das coisas. Também em uma família os pais sempre esperam que seus filhos sejam melhores do que eles; produzam mais e melhor; aprendam mais; cresçam mais física e intelectualmente; tenham melhores empregos e ganhem mais dinheiro; sejam mais felizes. O bom professor também deve aspirar a que seus alunos saibam mais e consigam mais na vida do que ele. Só assim sua tarefa de educador se realiza plenamente; caso contrário, terá falhado. Não se deve esquecer nunca que uma das grandes tarefas dos líderes (assim como dos professores) é formar outros líderes, de preferência melhores do que eles próprios. É assim que a sociedade e a economia progridem e se desenvolvem.

É preciso entender que o planejamento do processo de sucessão deve ser contextual em função do ambiente interno (momento na evolução da organização), assim como do externo. Da mesma forma que a substituição de um membro do conselho, com grandes responsabilidades, pode ser uma tarefa muito

5 *Exame*, 15 mar. 2006.

6 *Exame*, 21 mai. 2008.

difícil, para um gerente também será a perda de um membro importante de sua equipe. Portanto, o planejamento da sucessão é necessário para o crescimento da organização. O futuro nunca pode ser satisfatoriamente previsto, por isso é bom estar preparado para ele tanto quanto possível. Note-se que o planejamento da sucessão não é um processo caro nem complicado; trata-se mais de uma questão de vontade para fazê-lo.

Uma boa maneira de planejar a sucessão, quando possível, é permitir à pessoa que vai ser substituída participar da escolha do potencial sucessor. Essa escolha deve ser feita entre vários candidatos para um mesmo posto. É importante que a organização conduza uma extensa análise das competências de cada um dos candidatos antes de partir para os próximos passos do processo. Uma das competências mais importantes é a capacidade de o candidato atuar em equipe quando as posições analisadas são fundamentais dentro da organização, as quais geralmente envolvem a gestão de pessoas e a coordenação de muitas coisas. Em seguida, os candidatos devem ser submetidos a uma avaliação de suas capacidades gerenciais, quando serão cuidadosamente observados quanto ao que fazem e como se comportam em situações reais; as referências para essa observação devem ser baseadas nos requisitos da posição a ser ocupada. Os candidatos devem ser expostos a casos e cenários reais que vão prepará-los para enfrentar os desafios do posto e para lidar com situações para ganhar experiência. O que se busca é avaliar quanto eles são apropriados para o cargo e, fundamentalmente, qual é o potencial para futuros desafios. Mesmo os que não serão escolhidos se beneficiarão desse treinamento. Na verdade, esse aspecto do processo é um dos componentes mais importantes e já justificaria a condução de tal iniciativa.

Assegure-se de que os candidatos se sintam confortáveis e seguros em seus postos atuais para não sobrecarregá-los com pressões e expectativas desnecessárias que podem gerar ansiedade e frustrações. Lembre-se de que, se um candidato não for escolhido, ele não será eliminado da organização por causa disso e deverá continuar a atuar em seu cargo original. O que se deve fazer é gradualmente ampliar o alcance de algumas ações dos candidatos, certificando-se de que cada vez eles vão mais longe e assumem mais responsabilidades sem perder o foco do treinamento. O planejamento da sucessão pode ser um exercício muito útil para a organização e, em muitos casos, à medida que os indivíduos se desenvolvem e crescem acabam causando um crescimento sem precedente e inesperado.

Ao planejar a sucessão de um executivo da organização, deve-se ter sempre em mente:

- Quanto o Conselho, o executivo e sua equipe estão conscientes do perfil de profissional de que a organização necessita no momento? É muito comum cada um desses agentes ter um ponto de vista diferente; logo, suas perspectivas devem ser avaliadas e unificadas numa definição clara das competências, comportamentos e atitudes requeridos para o cargo. É muito frequente que o novo modelo de liderança seja uma construção baseada num passado que deu certo, combinado com perspectivas de futuro que respondam ao que falta na organização. Nesse caso, uma visão externa talvez possa ajudar a construir o perfil com objetividade, clareza e a rapidez necessária.

- Quanto o executivo que sai está preparado para seguir no próximo estágio de sua vida? Quanto menos preparado ele estiver, mais difícil será o processo de sucessão. Sem uma definição de para onde ir, o executivo (e sua família) podem inconscientemente bloquear ou reduzir a velocidade do processo. Também aqui a ajuda externa pode ser necessária para que o executivo seja conduzido para novos desafios.

- Quanto estão preparados os membros da equipe para seus novos papéis? A retenção de talentos é um assunto de extrema importância quando há mudanças no comando da equipe. As organizações são sistemas vivos, em que mudanças em algumas peças afetam as demais; e não só a equipe pode estar afetada pela saída de alguns membros, como também poderá ter de acomodar novos elementos que surgem com a sucessão. Lidar com a carreira, os papéis e as necessidades de desenvolvimento de cada membro da equipe pode ser crucial para o sucesso do processo; para tanto, o acompanhamento individualizado pode ser necessário.

- Quanto a equipe está preparada para uma nova dinâmica de trabalho? É um erro pensar que a equipe permanece a mesma com a saída de um ou dois de seus membros; ela se torna uma nova equipe, que precisa definir a sua identidade, seus valores e sua forma de trabalhar conjuntamente. O entusiasmo da novidade, os medos e as incertezas do futuro devem ser analisados para que haja apropriação do senso de continuidade.

- Quanto os potenciais sucessores estão preparados para decidir se realmente querem ser considerados para o novo cargo? Quanto menos preparados eles estiverem para avaliar esse quadro, maior a chance de não darem certo no novo cargo. Pressupor que todos que fazem parte da organização realmente querem o cargo pode ser um erro. Muitas vezes as pessoas se sentem pressionadas pelas circunstâncias sem efetivamente estarem interessadas. Ajuda externa poderá identificar aqueles que realmente estejam interessados e capacitados para almejar o cargo.

- Outra preocupação no processo de sucessão deve ser com aquelas pessoas que têm grande potencial de desenvolvimento, mas que não estão sendo preparadas para conviver com as mudanças futuras. Impõe-se um processo intenso de comunicação em todas as direções para que esses agentes possam ser identificados, conscientizados dos valores da organização e avaliados no que diz respeito à assimilação da sua cultura para poder atuar como disseminadores dela.

Algumas organizações, como as Forças Armadas, têm grande experiência no planejamento da sucessão. É impensável que no calor da batalha os soldados fiquem sem saber quem lidera o pelotão quando ocorre uma baixa no comando. Todos sabem exatamente quem assumirá o papel e o que a pessoa deverá fazer. Além disso, as organizações militares são boas em entender os pontos fortes e as necessidades de melhoria de todo o seu pessoal e assim podem mais facilmente treiná-los nas competências requeridas. Talvez sempre fosse bom fazer um *benchmarking* com as Forças Armadas quando se estudam os processos de mudança necessários para a sucessão na organização.

Bill Gates abandonou a presidência da Microsoft aos 51 anos de idade, declarando que sua presença podia estar prejudicando o futuro da empresa. Este deve ser um bom exemplo para ser analisado, uma vez que se pensaria ser ele útil durante ainda um bom tempo. Estaria a Microsoft dispensando muito cedo os seus talentos e contribuições? Pelo lado pessoal, pode-se argumentar que ele já teria alcançado tudo o que ambicionava e não teria mais motivação para prosseguir na rotina. Daí, talvez, a sua decisão de se dedicar à sua Fundação e sair pelo mundo afora fazendo filantropia e procurando influir de outra maneira no destino do mundo. De qualquer forma, deve-se reconhecer uma boa dose de humildade e desprendimento para tomar essa decisão numa idade em que a capacidade produtiva ainda é valorizada e a capacidade de contribuir parece ser inquestionável.

Jorge Gerdau Johanpeter, que conduziu o processo sucessório no grupo de sua família, passando o bastão para a quinta geração de herdeiros, tem algumas sugestões sobre como conduzir o processo de sucessão. Após tantas delas, Gerdau tem alguma coisa a dizer sobre o assunto. Primeiro ele insiste em identificar essa atividade sempre como um "processo", que deve se desencadear ao longo de certo tempo. Ele também aconselha a participação de elementos de fora quando se trata de sucessão em organização familiar, para dar ao processo o contrapeso da isenção. Diz Gerdau que a família precisa saber separar três instâncias de relações para que o processo se desenrole sem maiores conflitos: a empresa; a família; e o que seja a propriedade de cada um. Por fim, ele sugere uma matriz de decisão que leve em consideração vários aspectos. Primeiro estariam aqueles que ele acredita serem essenciais para o principal executivo da organização: a capacidade de manter o foco; saber satisfazer os grupos de interesse (*stakeholders*); e saber compor os meios necessários para que a organização atinja o seu objetivo (manter o foco). Depois viriam as competências necessárias a todo bom executivo: entendimento técnico do negócio; relações humanas e capacidade de entender conceitualmente diferentes opções que a organização enfrenta, medindo bem as consequências de uma decisão a ser tomada. Com essas seis variáveis, deve-se construir uma matriz de decisão que facilite a escolha do sucessor, que deverá, antes e acima de tudo, ser a pessoa, entre os candidatos, que mais se aproxime dos valores da organização.[7]

Jim Collins destaca a importância de o sucessor, preferencialmente, vir de dentro da própria organização. Em todos os estudos por ele realizados, os líderes formados internamente tiveram mais sucesso do que os que Collins chama de "forasteiros". Ele complementa que, para vencer, uma organização deve preservar seus principais valores e mudar as práticas e estratégias; geralmente os "forasteiros" querem mudar os valores e é aí que começa a confusão. "Quem vem de dentro normalmente sente paixão pelos valores da companhia."[8]

Se o processo de encaminhar a sucessão dentro de uma organização já é cheio de incertezas e inseguranças, o outro lado desse espectro é ainda mais sombrio, uma vez que, decididas as pessoas que serão as sucessoras, cabe um trabalho de rescaldo junto a quem não foi escolhido para aparar as arestas. O fato de algum profissional ter concorrido ao processo sucessório e não ter sido escolhido não faz dele(a) alguém sem qualificações, pelo contrário. Tanto as tinha que concorreu, e agora a empresa não poderá perder esse talento e deverá fazer tudo para retê-lo. O processo de resgate deve começar junto com o de escolha do sucessor, quando ainda nem se sabe quem ele será. Todos que concorrem, quando informados disso, devem também ser informados de que apenas um será o escolhido, mas

---

7 *Webcasting* da Fundação Nacional da Qualidade (FNQ).

8 *Exame*, p. 38, 01 jul. 2009.

que todos contribuem para a organização, ocupando o cargo ou não. De novo, a palavra de ordem aqui será **transparência**, para que todos acreditem na lisura do processo e confiem no resultado; isso porque – espera-se – a organização sempre atuou dessa forma. Não se constrói confiança de uma hora para outra; ela é fruto de uma sequência de atitudes e comportamentos que façam as pessoas crer na transparência das ações da organização. Deve-se ter cuidado com os "prêmios de consolação". Os envolvidos não podem ressentir-se por recebê-los. Não se deve instituir esse "prêmio", mas interagir com as pessoas de forma a não fazê-las sentir que foram preteridas, e sim que ainda há algo importante para elas. Deve-se procurar evitar a sensação de rejeição que pode acompanhar esses momentos. São necessários muita maturidade, respeito e genuína valorização dos candidatos para conduzir esse processo de maneira apropriada. O comportamento da organização nesses momentos demonstra muito de sua cultura organizacional.

Na mesma linha de preocupação com quem não foi escolhido num processo de sucessão está tudo aquilo ligado com a demissão de pessoas (aqui não se está falando daquelas por justa causa). Para o gestor consciente, possivelmente, não existe nada mais penoso do que o momento de demitir funcionários. Talvez por isso muitas vezes tais decisões são proteladas: existe a consciência de que se está causando grandes dificuldades para a pessoa e sua família como consequência da demissão; portanto, a organização deverá ter todo o cuidado neste momento e fazer todo o possível para apoiar o demitido nessa hora difícil Deve-se buscar minimizar o impacto da demissão, quer seja do ponto de vista psicológico, quer seja do social e econômico. A organização deverá fazer o possível para manter algum tipo de benefício nos meses que se seguem, bem como ajudar no processo de recolocação, quando possível. Tudo isso se fará não só por razões humanitárias, mas também pela manutenção de um bom clima organizacional, uma vez que as pessoas que continuam empregadas sempre observam o comportamento da organização nessas situações e tendem a balizar suas reações em função das posições que ela tomar; mesmo porque ninguém sabe quem poderá ser o próximo. As pessoas não são contratadas para ser demitidas, mas sim para ajudar a organização a alcançar seus objetivos; quando isso não acontece, todos ficam frustrados pela experiência negativa e pelas expectativas não satisfeitas.

Existem algumas lideranças que veem esse processo com muita frieza e não se abalam quando precisam demitir, até mesmo muitos de uma vez, se isso for para o bem da organização, e o fazem com a consciência tranquila, pois racionalizam com a manutenção dos demais postos de empregos para a organização continuar operando.

9

ESTRUTURA ORGANIZACIONAL

Pode-se dizer que uma estrutura denota as inter-relações entre as partes componentes de um todo, associadas com conceitos de função e de objetivos. A estrutura organizacional da liderança deve ser desenhada para atingir os objetivos estratégicos da organização. Isso pressupõe que, pelo entendimento dos princípios básicos de desenho organizacional, pelo alinhamento da estrutura com as estratégias da organização e pela certeza de que o desenho e a estratégia estão adaptados ao ambiente da organização, a liderança poderá buscar o sucesso. A função básica da estrutura (física, organizacional etc.) é realizar a estratégia da organização; alcançar os objetivos estabelecidos. A estrutura organizacional serve de ponte entre a estratégia e os processos que a implementam. Quanto maior o alinhamento dos componentes da estrutura, melhor será o desempenho da organização.

No desenho da estrutura organizacional, fundamentalmente estão implícitos os aspectos formais da liderança, as relações de poder dentro da organização; quem manda em quem e quem é subordinado a quem. Tradicionalmente essas relações sempre foram muito claras e definidas: quem contratava era superior a quem era contratado como subordinado; o poder de quem contratava era também o poder de quem podia demitir. Hoje tais relações já não são mais tão claras, simples e definidas, embora o contratado continue como subordinado daquele que o contratou. As relações são mais complexas e as subordinações, mais difusas. A estrutura organizacional deve responder às necessidades dessa complexidade. Porém, a palavra **estrutura** sugere algo estático, estável e, às vezes, intrinsecamente contraditório;[1] é por isso que a análise das estruturas organizacionais requer abordagens multifacetadas, multidimensionais e multiparadigmáticas, para não ser tida como algo similar ao conceito rígido de uma estrutura física. São os papéis individuais que cada um representa na organização e os procedimentos prescritos nos seus manuais que definem estrutura organizacional como um determinado esquema da organização.

---

1 RODRIGUES, A. L. *Revista de Administração de Empresas*, v. 48, n. 2, abr./jun. 2008.

A organização hoje é um ponto de encontro e de confrontações de agentes com múltiplas agendas; nela se estabelece uma dinâmica sociotécnico-cognitiva de interpretações de cada um a partir de suas trajetórias de vida. Nessa dinâmica é que se estabelecem padrões de regularidade nos processos de interação entre as pessoas, os quais definirão a estrutura.

Uma definição mais ampla de estrutura organizacional inclui, entre outros conceitos:

> o conjunto recorrente de relacionamentos entre os membros da organização, o que inclui os relacionamentos de autoridade e de subordinação como representados no organograma, os comportamentos requeridos pelos regulamentos da organização e os padrões adotados na tomada de decisão, como descentralização, padrões de comunicação e outros padrões de comportamento.[2]

A maior parte das organizações em operação neste século foi desenhada para a economia do século passado, em que o capital era um recurso escasso, os custos de interação eram elevados, e a autoridade hierárquica e as estruturas verticais eram fundamentais para uma operação eficiente. Hoje o melhor desempenho advém da capacidade de ajustar essas estruturas a fontes muito diferentes de poder. Ao refazer a organização para mobilizar a capacidade intelectual das pessoas e aproveitar os talentos, o conhecimento, os relacionamentos e as habilidades subutilizados, a liderança pode ao mesmo tempo contribuir para que seu pessoal execute tarefas mais gratificantes e produtivas e criar novas fontes de riqueza, com baixo risco.

A organização do século XXI precisará ter bem definido o desenho organizacional de sua liderança para ser competitiva e sobreviver. Desenhos que incorporem mecanismos de mercado, que alimentem talento e conhecimento, bem como estruturas de governança que eliminem a complexidade improdutiva e novas métricas de desempenho – particularmente a produtividade por pessoa e grupos – que sejam adequadas a uma economia na qual o talento, e não o capital, seja o recurso escasso. A noção de governança corporativa como estrutura organizacional da liderança aplica-se mais às grandes corporações.

De acordo com a Fundação do Desenvolvimento Administrativo (Fundap),[3] o desenho estrutural é formado por cinco blocos lógicos, e cada um deles requer modelagem específica.

---

2 DONALDSON, L. Teoria da contingência estrutural. In: CLEGG, S. R.; HARDY, C.; NORD, W. R. (Orgs.). *Handbook de estudos organizacionais*. São Paulo: Atlas, 1999.

3 FUNDAÇÃO DO DESENVOLVIMENTO ADMINISTRATIVO (FUNDAP). *Guia de modelagem de estruturas organizacionais*. São Paulo: Fundação do Desenvolvimento Administrativo (Fundap), 2006.

Esses blocos são:

- cúpula;
- suporte administrativo;
- suporte técnico-corporativo;
- linha intermediária;
- linha operacional.

A definição do bloco de cúpula decorre do modelo de governança corporativa utilizado pela organização. Os modelos de governança são formados por níveis deliberativos e executivos e podem incluir níveis consultivos, os quais não têm poder deliberativo nem executivo, mas podem influenciá-los. O nível deliberativo é formado por quem tem direito de propriedade ou fortes vínculos institucionais com a organização, enquanto o executivo tem mandato daquele para exercer seu poder de direito. Esses dois níveis devem desenvolver uma relação que defina as linhas gerais das políticas da organização e decidir tanto sobre os resultados a serem alcançados como sobre a maneira como tais políticas serão implementadas. Isso assegura que a organização seja gerida no interesse de seus controladores. Os cinco blocos lógicos nada mais são do que variações em torno da proposta de Mintzberg da organização em cinco partes. Segundo ele, estão na cúpula (*the strategic apex*) três conjuntos de obrigações: a supervisão direta; a gestão do que ele chama de as condições de fronteira da organização com o meio ambiente, ou seja, as atividades de representação da organização; e o terceiro diz respeito ao desenvolvimento das estratégias da organização. Para esse autor, na cúpula, a preocupação estratégica tem de ser a mais ampla possível - portanto, a organização tem de ser vista sob uma perspectiva mais genérica e abstrata. Mintzberg afirma que o trabalho nesse nível dificilmente pode ser padronizado por não ser repetitivo, com ajustes mútuos entre os gestores que atuam nessa área em uma mesma organização. Trata-se de uma visão que parece conter um viés de "dramaticidade" para as ações nesse nível da organização; uma visão tradicional que não considera a cúpula mais um conjunto de papéis a serem representados como em todos os níveis da organização.[4]

Vê-se, portanto, aqui a importância da liderança também como *designer* da estrutura organizacional, integrando os componentes e as peças que fazem a engrenagem da organização girar, ou seja, funcionar na prática. Sem um

4 MINTZBERG, H. *Structure in 5's*: designing effective organizations. [S.l.]: Prentice Hall, 1983.

desenho claro dessa estrutura, baseado nos processos principais da organização, esta não funciona.

A governança corporativa constitui-se em mecanismo de coordenação, assim como de participação e interlocução junto às instâncias consultivas. Mesmo que haja nítida separação das funções deliberativas daquelas executivas, sempre aquelas influenciarão estas de uma maneira ou de outra. A diferenciação de ambas as estruturas aumenta a legitimação das organizações, mas torna morosos e complexos os processos deliberativos, de prestação de contas e decisórios. Crê-se na existência de cinco tipos de mecanismo de coordenação do trabalho, disponíveis para a governança exercer seu papel: o processo de ajuste mútuo, a supervisão direta, e a padronização dos processos, das saídas do sistema e da capacidade de trabalho dos colaboradores. Tais mecanismos, que pressupõem alto grau de coordenação entre os níveis deliberativo e executivo para o sucesso da organização, são exercidos nessa ordem a partir da cúpula para a base da pirâmide hierárquica. É importante que esses níveis não se intrometam no dia a dia do nível operacional porque, se isso acontecer, causarão conflitos e insegurança; em linhas gerais, quem pensa a organização não faz sua operação e vice-versa, porque, se assim for, os papéis estarão trocados ou apenas um setor estará sendo administrado com as consequências nefastas da falta de organização no outro setor.

Para outros autores, a governança corporativa é uma ferramenta de controle, embora possa ser igualmente considerada uma ferramenta de participação e de interação a partir das instâncias consultivas. Mesmo quando há separação definida entre deliberativo e executivo, ainda assim há grandes envolvimentos da cúpula com a tarefa executiva. Formas mais simples de organizar a estrutura da liderança podem diminuir sua representatividade, mas, por outro lado, tornam mais simples o processo deliberativo e de controle, o que torna a organização mais ágil na sua função decisória. De outra parte, estruturas mais elaboradas (seja pelo porte da organização, seja por suas características – o caso de empresas públicas, por exemplo), da mesma maneira que aumentam a legitimidade, também tornam mais morosos os processos decisório, deliberativo ou de controles.

A cúpula deve igualmente definir o corpo executivo e os setores de assessoria executiva que desempenham ações de suporte sem poder de linha e, portanto, sem subordinados. É usual e desejável que o poder executivo da cúpula seja distribuído por áreas de resultado (outros critérios podem ser: produto, função, processo produtivo ou de apoio, conhecimento, região, temas, segmentos beneficiados etc.). As unidades de assessoria não devem repetir as estruturas de linha para não complicar o processo administrativo. Depois de analisar duas abordagens diferentes, o *Guia de modelagem de estruturas organizacionais* conclui:

Modelos mais mecanicistas tendem a apresentar estrutura de governança corporativa com as seguintes características:

- rígida separação de deliberação e de execução motivada basicamente pela desconfiança;
- concentração de poder deliberativo em um determinado grupo de interesse;
- baixa representatividade institucional em instâncias consultivas, que tendem a ter um papel mais técnico;
- concentração de poder executivo em ocupante de posição hierárquica superior, ao qual se subordinam os demais dirigentes.

Por outro lado, modelos mais organicistas tendem a apresentar estruturas de governança corporativas com as seguintes características:

- integração de deliberação com execução, graças à qual os executivos da organização participam ativamente das formulações deliberadas;
- exercício do poder deliberativo, levando-se em conta interesse de distintas categorias de indivíduos;
- alta representatividade institucional em instâncias deliberativas e consultivas, que tendem a ter papel ativo na participação e interlocução;
- compartilhamento do poder executivo pelos dirigentes da organização, formando uma instância executiva colegiada.[5]

Warren Buffett, um dos homens mais ricos do mundo, parece ter, no seu grupo de empresas, uma estrutura organizacional muito simples, como de resto parece ser tudo em sua vida, e que deve funcionar muito bem, dado seu sucesso como empresário. De acordo com o folclore, ele escreve apenas uma carta anual aos principais executivos das 63 empresas pertencentes ao seu grupo Berkshire Hathaway. Nessa carta, ele estabelece as metas a serem alcançadas durante o ano; só promove um encontro anual dos executivos e raramente os convoca para conversas individuais. O folclore segue com a informação de que ele transmite a seus executivos apenas duas regras:

5 FUNDAÇÃO DO DESENVOLVIMENTO ADMINISTRATIVO (FUNDAP), 2006.

1. "Não perca nenhum centavo do dinheiro dos acionistas".
2. "Não esqueça a regra número 1". Se o folclore sobre Warren Buffet está correto, sua estrutura organizacional é muito simples e baseada em poucos princípios:
   - nomeie as pessoas certas para as missões certas;
   - estabeleça metas e certifique-se de que as pessoas nelas se concentrem.

É importante notar, contudo, que se Buffet não naufragou com a crise dos subprimes, também é verdade que sofreu baixas pela primeira vez na história de sua organização, o que talvez possa falar contra sua estrutura de governança.

PARTE II

CULTURA ORGANIZACIONAL PARA A EXCELÊNCIA

Nesta parte, discute-se o aspecto informal da liderança, sua subjetividade. Como a liderança compreende e orienta a organização em direção a uma cultura organizacional tendente à excelência e ao atendimento de todas as partes interessadas. Este é o grande desafio dos líderes: criar uma cultura organizacional voltada para a excelência. Essa deve ser a preocupação principal do líder; ele deve trabalhar incessantemente para alcançá-la. É aqui que reside a diferença entre os bons líderes e aqueles não tão bons.

No século XXI, a visão, os valores e a cultura de uma organização importam mais, talvez, do que suas estratégias de marketing ou objetivos financeiros. O lado *soft* das empresas ganha tanta importância quanto o lado *hard*. É preciso compartilhar significados entre as pessoas que trabalham numa organização e também com seus clientes e demais grupos de interesse.[1] A cultura organizacional se descreve pela psicologia, atitudes, experiências, crenças e valores. Isso deve se transformar numa coleção específica de valores e normas que são compartilhadas pelas pessoas e grupos e que controlam a forma como esses atores interagem uns com os outros. Ela orienta quais são os objetivos que os membros de uma organização devem perseguir e define padrões de conduta organizacional traduzidos em normas, rotinas e procedimentos. É uma forma de vida compartilhada por aqueles que atuam na organização, incluindo seus conhecimentos, crenças, senso estético, valores, usos, costumes, linguagem, símbolos, imagens, histórias, mitos, rituais, cerimônias, a legislação que as rege, as habilidades exigidas e os hábitos adquiridos na instituição. Ela está focada no ambiente interno da organização e das relações que acontecem no seu espaço físico, daí ser influenciada pela arquitetura, bem como pelos objetos visíveis, os móveis, a decoração etc. A perspectiva cultural está focada nos significados que se atribuem às experiências de trabalho. As pessoas atribuem sentido às coisas, usam símbolos e contam histórias vinculadas à vida da organização. Por meio

---

1 Terry Leahy, CEO da rede britânica de supermercados Tesco, citado em: <http://www.hsm.com.br/blog>. Acesso em: 16 nov. 2010.

das interações nela existentes, continuamente são criados, mantidos e modificados os eventos, os processos e os resultados. É a configuração específica de normas, valores, crenças e maneiras de se comportar que caracteriza a forma pela qual grupos e indivíduos isolados colaboram entre si. Na origem dos elementos que compõem a cultura de uma organização está a luta pela própria sobrevivência. Segundo a teoria sistêmica das organizações, elas estariam constantemente em luta para fugir da entropia[2] que as levaria a subsistir em níveis subótimos. Portanto, para desenvolver-se e sobreviver, as organizações precisam adaptar-se ao meio ambiente e manter sua coerência interna no que é a essência do planejamento estratégico.[3] A cultura organizacional não é um fim em si mesma; o gestor não "cria" uma cultura organizacional. Ela é consequência de uma ação gerencial integrada, sistêmica e coerente. Ela surgirá de uma série de ações e exemplos vindos da cúpula da organização. Essas ações podem ser resumidas na aplicação de um modelo de gestão e na maneira de conduzi-lo no dia a dia (sobre este tema, ver na próxima página referência a Deal e Kennedy).

Johnson apresenta a noção de uma rede em que grupos de elementos podem ser usados para descrever ou influenciar a cultura organizacional:

- Os paradigmas, ou seja, aquilo que a organização é, o que faz, qual sua missão e valores.
- Seus sistemas de controle para monitorar o que está acontecendo. Haverá mais confiança nos indivíduos em uma organização em que prevalecer a cultura de poder compartilhado.
- Estrutura organizacional com suas linhas hierárquicas e de fluxos de trabalho.
- As estruturas de poder (governança) para identificar quem toma as decisões, como o poder está distribuído e quais são as bases de poder dentro da organização.
- Os símbolos que incluem os logos da organização, assim como em outras áreas da organização.
- Rotinas e rituais (reuniões, relatórios e outros).
- Histórias e mitos construídos pelas pessoas e sobre elas, seus eventos e outros.

---

2 Termo que deriva da termodinâmica para designar a tendência que todo sistema tem de se nivelar nos níveis mais baixos caso não seja injetada energia nele

3 MOTTA, F. P. C.; VASCONCELOS, I. F. G. *Teoria geral da administração*. São Paulo: Thomson, 2002.

Esses elementos podem estar sobrepostos, uma vez que a estrutura de poder pode depender dos sistemas de controle que exploram os rituais geradores de histórias, e assim por diante.[4]

De acordo com autores como Schein, a cultura é o atributo organizacional mais difícil de ser modificado: ela permanece mais do que qualquer produto, serviço, fundadores e líderes. Esse autor desenhou um modelo que observa a organização pelo lado de fora e identifica três níveis cognitivos da cultura organizacional:

1. No primeiro nível estão aquelas coisas da cultura que podem ser vistas, como escritórios, mobiliário, prêmios, códigos de vestimenta, a interação objetiva das pessoas e até mesmo os conceitos básicos da organização (missão, visão, valores e políticas básicas), slogans, credos, filosofias etc.
2. No segundo nível estão os valores praticados pelos membros da organização, visíveis por meio de atitudes e ações.
3. No terceiro nível estão as ações tácitas praticadas pelos membros da organização. Não são visíveis nem percebidas cognitivamente pelos membros no dia a dia, mas estão presentes nas regras não escritas da organização.

Este modelo permite entender comportamentos paradoxais por vezes observados: por exemplo, há organizações que defendem altos valores morais (segundo nível) e, curiosamente, comportam-se de maneira completamente contrária a eles (terceiro nível). Para os novos membros, será difícil entender e se acomodar.[5]

Vários autores que estudam esse campo da teoria organizacional classificam a cultura das organizações de diferentes maneiras:

- Culturas organizacionais que seriam afetadas pelo comportamento de diferentes grupos regionais ou nacionais. Hofstede investigou diferenças entre 100 mil pessoas da IBM trabalhando sob a mesma cultura organizacional em diferentes partes do mundo. Nesse trabalho, ele identificou quatro dimensões da cultura influenciadas por características nacionais:

4 JOHNSON, G. Rethinking incrementalism, *Strategic Management Journal*, v. 9, p. 75-91, 1988.

5 SCHEIN, E. H. *Organizational culture and leadership*. 3. ed. [S.l.]: Jossey-Bass, 2005.

  - distanciamento do poder baseado no fato de uma sociedade aceitar mais do que outras as hierarquias de poder;
  - negação da incerteza, refletindo o grau em que uma sociedade aceita riscos e incertezas;
  - individualismo *versus* coletivismo, simbolizando as diferenças entre sociedades cujos membros são mais autossuficientes e defendem seus interesses pessoais ou dependem dos grupos para defendê-los;
  - masculinidade *versus* feminilidade, com base nas diferenças tradicionais entre sociedades mais ou menos machistas.[6]
- Culturas de processo em que se está mais preocupado com o modo de fazer as coisas do que com que seus resultados.[7]
- Culturas ligadas às estruturas organizacionais:
  - de poder concentrado em poucos, radiando do centro para a periferia da organização, onde existem poucas regras, menos burocracia e as decisões são rápidas;
  - de papéis descritos para serem desempenhados por pessoas conforme estruturas bem definidas, hierárquicas e burocráticas;
  - de tarefa, em que as equipes são formadas para resolver problemas geralmente atuando em estruturas matriciais;
  - de pessoas que se creem superiores à organização, o que torna difícil a sobrevivência organizacional. É muito observada em hospitais universitários, onde os agentes não se sentem entes institucionais.[8]
- Culturas fortes e fracas; as primeiras são aquelas em que os membros respondem aos estímulos de maneira fortemente alinhada com os valores da organização, e as segundas são aquelas em que tal alinhamento não existe, o que requer grandes doses de burocracia e regulamentação para obter respostas dos membros.
- Culturas inovadoras, indispensáveis em organizações em que a criatividade é indispensável para seus objetivos (empresas de criação, artísticas e outras do gênero).

Cooke define cultura como o comportamento que os membros acreditam que seja esperado deles para se adaptar e satisfazer as expectativas da organização. O

---

6 HOFSTEDE, G. *Culture's consequences*: international differences in work related values. California: Sage Publications, 1980.

7 DEAL, T. E.; KENNEDY, A. A. *Corporate cultures:* the rites and rituals of corporate life. Harmondsworth: Penguin Books, 1982.

8 HANDY, C. B. *Understanding organizations*. 3. ed. Harmondsworth: Penguin Books, 1985.

seu inventário da cultura organizacional mede 12 normas comportamentais que são agrupadas em três tipos genéricos do que ele chama de cultura:

1. A cultura **construtiva** (ou o agrupamento construtivo), na qual os membros são encorajados a interagir com as pessoas e enfrentar tarefas de forma a ajudá-las a alcançar seus níveis mais altos de satisfação. Nesse agrupamento, incluem-se quatro normas culturais: realização, atualização, encorajamento humanístico e afinidade. Acredita-se que a cooperação é o melhor para a organização.
2. A cultura **passiva/defensiva**, na qual os membros acreditam que devem interagir com as pessoas de maneira a não ameaçar sua segurança. Nesse agrupamento, encontram-se, também, quatro normas culturais: aprovação, convencionalidade, dependência e recuo. Espera-se que as pessoas evitem o conflito e satisfaçam umas às outras (principalmente os superiores hierárquicos). Nessa cultura, as regras, procedimentos e ordens são mais importantes que as ideias, os julgamentos de valor e as crenças pessoais.
3. A cultura **agressiva/defensiva**, na qual os membros são agressivos nas suas abordagens com vistas a proteger sua condição e segurança ("a melhor defesa é o ataque"). Nesse agrupamento, incluem-se quatro normas culturais: oposição, poder, competição e perfeccionismo. Aqueles que demonstram alguma manifestação de fraqueza ou que possa ser percebida como tal serão vistos como incompetentes; nessa cultura, encoraja-se a competição por cargos, posições, metas e cotas de produtividade. Organizações que adotam essa cultura têm dificuldades em mantê-la por muito tempo.[9]

Stephen McGuire definiu um modelo que chamou de "cultura empreendedora". Trata-se de um sistema de valores compartilhados, crenças e normas seguidas pelos membros de uma organização valorizando a criatividade e a tolerância com pessoas criativas, na crença de que inovação e conquista de novos mercados são comportamentos apropriados para a sobrevivência e a prosperidade, para

---

9 KUPPLER, T. The common ground of qualitative and quantitative culture development approaches (part one/part two). *Human Synergistics*. Disponível em: <https://www.humansynergistics.com/resources/content/2017/07/18/the-common-ground-of-qualitative-and-quantitative-culture-development-approaches-(part-one)>; <https://www.humansynergistics.com/resources/content/2017/07/18/the-common-ground-of-qualitative-and-quantitative-culture-development-approaches-(part-two)>. Acesso em: abr. 2018.

fazer frente a um ambiente de incertezas e às ameaças dos concorrentes. Ele destaca como elementos dessa cultura empreendedora:

- foco nas pessoas e no seu "empoderamento";
- criação de valor por meio da inovação e mudança;
- atenção ao básico;
- gestão com a "mão na massa";
- feitura da coisa certa;
- liberdade para crescer e errar;
- compromisso e responsabilidade pessoal;
- ênfase no futuro.[10]

Tornou-se importante estudar a cultura organizacional na Inglaterra e na América do Norte (e daí no mundo ocidental), a partir da década de 1990, por três razões: o desafio da competição japonesa na indústria, a preocupação com a recuperação econômica após uma recessão, e o fracasso aparente de outras soluções organizacionais (noções de estrutura matricial, entre outras).

Segundo Deal e Kennedy,[11] são cinco os elementos que caracterizam a cultura organizacional:

1. O ambiente no qual a organização se insere.
2. Os valores.
3. Os heróis.
4. Os rituais.
5. A comunicação informal.

Deve-se destacar que a discussão sobre cultura organizacional não pressupõe a noção de que, para ter sucesso, a organização precisa ter um tipo definido de cultura; ou seja: não existe uma única cultura "boa" que seria aplicável a todas as organizações. Carlos Alberto Sicupira afirma que o fator mais nocivo para uma empresa é não ter uma cultura. Em contraposição a esse argumento, é preciso lembrar que qualquer agrupamento de pessoas gera uma cultura, um protocolo de comportamento, ou seja, sempre haverá uma cultura – o problema surge quando ela se desenvolve livremente sem uma referência aglutinadora. Essas referências

---

10 MCGUIRE, S. J .J. *Entrepreneurial organizational culture*: construct definition and instrument development and validation. Ph.D. Dissertation, The George Washington University, Washington, DC, 2003.

11 DEAL; KENNEDY, 1982.

aglutinadoras são definidas pela alta cúpula da organização, na medida em que: cria uma estrutura organizacional; desenha os processos de produção de bens ou serviços; formula e implanta uma estratégia conhecida por todos; estabelece formas de comunicação interna para as pessoas que trabalham na organização e externa para os demais grupos de interesse. Essas e outras ações fazem emergir a cultura da organização baseada em seus valores, sua missão e sua visão. Em caso de mudanças nos valores (o que é possível, mas extremamente infrequente e não muito desejável), caberá ao líder identificar a necessidade da mudança e orientar o processo para que a cultura não se ressinta de valores desatualizados. A visão poderá mudar mais frequentemente do que os valores, e esta mais do que a missão, porque os dois últimos conceitos precisam estar mais adaptados às mudanças do cambiante ambiente externo.

Linda Smircich usa uma metáfora das raízes de uma planta para representar a cultura de uma organização. Ela diz que as organizações são produto da cultura organizacional, e não o contrário, mas que ainda não está claro o modo como ela influencia o comportamento das pessoas e a interação entre elas dentro da organização. De acordo com Smircich, a cultura organizacional geralmente é tratada de duas formas:

1. Alguns autores a considerariam uma característica da organização que mudaria com o passar do tempo.
2. Outros autores considerariam que a organização não teria uma cultura, mas que ela própria seria uma expressão cultural de seus membros.[12]

Outros autores, ainda, manifestam ceticismo quanto às visões funcionalistas e unitaristas de cultura organizacional defendidas por pensadores de escolas de administração. Embora esses autores não neguem que as organizações são um fenômeno cultural, eles enfatizam que visões radicais desse fenômeno organizacional podem constranger dissidentes e reproduzir apenas as visões das ideologias prevalentes. Seria inocência, dizem eles, pensar na existência de uma única cultura para todas as organizações ou que algum arranjo de cultura organizacional possa refletir a visão de todos os grupos de interesse. Só para lembrar, Parker sugere que muitas das afirmações sobre cultura organizacional não são novas. Elas apenas refletem uma longa disputa entre as visões estrutural e cultural (ou formal e informal). Além do mais, revela ele, é perfeitamente razoável

12 SMIRCICH, L.; CÁLAS, M. B. *Critical perspectives on organization and management theory*. [S.l.]: Dartmouth, 1983.

argumentar que organizações complexas devem (ou podem) ter muitas culturas e que as subculturas podem se sobrepor ou se contradizer umas às outras. As bem definidas tipologias de formas de cultura encontradas em textos didáticos de administração raramente admitem tais complexidades ou as várias contradições econômicas existentes nas organizações capitalistas.[13]

Motta e Gouveia de Vasconcelos argumentam que se pode observar a cultura de uma organização por meio dos seguintes elementos:

- a prática de ritos coletivos;
- a perpetuação de mitos ou de histórias na organização;
- as normas de comportamento;
- os valores emergentes do grupo organizacional;
- a linguagem;
- atos simbólicos e formas de expressão em geral.

A implementação de uma cultura de excelência, com novos padrões de comportamento, novos desafios, nova visão de longo prazo, novos valores ou adequação aos existentes, novas estratégias – enfim, novas diretrizes –, frequentemente requer a mudança de algumas ou de muitas atitudes e paradigmas organizacionais. Uma cultura organizacional tendente à excelência e que leve ao sucesso da liderança demanda um sistema de valores que permita promover o essencial (paradigma *sensacionista*) e uma energia psíquica que inicie a ação dos envolvidos (paradigma *dogmático*). No paradigma sensacionista, são os valores e as crenças que criam as condições para que aflorem as motivações internas em torno de um projeto comum; já no paradigma dogmático, são as pulsões dos líderes que determinam a força e o estilo da liderança em todos os níveis. Enfim, a pergunta que se impõe nesse momento talvez seja esta: a cultura organizacional pode influenciar a produtividade da organização e das pessoas que nela trabalham? Ela poderia ser desenvolvida e transformada pela cúpula da organização de tal forma a se observar o fenômeno da reificação em seu interior como um elemento já pronto, acabado e aceito por todos como a forma correta de fazer as coisas? Os autores que estudaram esse fenômeno acreditam que a organização precisa integrar sete variáveis para que isso aconteça, que são:

13 PARKER, M. *Organizational culture and identity*. London: Sage, 2000.

1. Estrutura.
2. Estratégia.
3. Sistemas.
4. Habilidades.
5. Força de trabalho.
6. Estilo.
7. Valores compartilhados.[14]

O que se observa com muita frequência, em organizações que conseguiram o alinhamento dessas variáveis, são manifestações afetadas de identificação com a organização que não passam de fachada para obter maior atenção da cúpula, sem que isso signifique maior produtividade. Para obter bons resultados, é preciso que a variável "qualidade" seja disseminada conscientemente; nesse contexto, a cultura é considerada uma forma de controlar o comportamento dos indivíduos, integrando seus objetivos com os da organização. Portanto, a definição da cultura organizacional tem uma função ideológica ao justificar as relações de poder no interior das organizações e ao ajudar a preservar a ordem social desejada.

A cultura que pretende induzir à excelência organizacional destaca justamente os conceitos básicos da instituição, que constituem sua identidade e são expressos por seus valores, missão, visão e políticas básicas ou gerais. Como consequência desses conceitos estratégicos básicos, desenvolvem-se normas, rotinas e procedimentos operacionais necessários à execução dos processos. Os conceitos estratégicos básicos aparecem nos documentos maiores (estatuto, regimentos e/ou regulamentos); enquanto normas, rotinas e procedimentos operacionais aparecem nos manuais. Eles são vitais para o comprometimento dos agentes envolvidos no dia a dia da organização.

Segundo o modelo de gestão proposto neste livro, é tarefa da liderança canalizar esses conceitos para a criação de uma cultura organizacional de excelência. A figura dos líderes é extremamente importante, pois são eles que, em todos os níveis, serão responsáveis por criar, moldar, transmitir e monitorar a cultura da organização; eles serão seu principal disseminador, guardião e praticante, dando exemplo por meio de suas condutas e atitudes. Talvez uma das maiores funções dos líderes nas organizações seja se tornar responsável por moldar uma cultura organizacional que busque a excelência – esse é o seu grande desafio!

---

14 MOTTA, VASCONCELOS, 2002.

A cultura será baseada na memória institucional, ou seja, em um conjunto de fatos, conceitos, experiências e conhecimento mantido por um grupo dentro de uma organização. Esse conjunto transcende o indivíduo e pede constante transmissão de tais memórias entre os membros desse grupo. Elementos da memória institucional podem ser encontrados em corporações, grupos profissionais, órgãos governamentais, grupos religiosos, acadêmicos – e, portanto, na cultura nacional. A memória institucional pode encorajar a preservação de uma ideologia ou forma de fazer as coisas. De maneira oposta, ela pode estar tão arraigada a ponto de impedir a mudança de algo que contradiga a ordem estabelecida. O conhecimento institucional se desenvolve pela transformação de dados históricos; isso depende da preservação dos dados e da capacidade da liderança de interpretá-los para uso efetivo.

A comunicação é uma ferramenta que desempenha papel importante no processo de formação e disseminação da cultura institucional.[15] Essa perspectiva pode ser vista por três ângulos:

1. O **tradicional**, que vê a cultura por intermédio dos meios objetivos tradicionais: rituais, histórias e símbolos.
2. O **interpretativo**, que vê a cultura por meio de uma rede de significados compartilhados pelos diferentes membros da organização.
3. O **crítico-interpretativo**, que vê a cultura por meio de uma rede de significados compartilhados, assim como pela disputa de poder com outras redes similares que competem por significados diferentes.

Embora muitas vezes essas expressões possam ser usadas de maneira indistinta, é importante fazer uma diferenciação entre cultura corporativa e cultura organizacional (mesmo porque nem todas as organizações são corporações). A cultura organizacional envolve a soma dos valores, costumes, tradições e significados que fazem de uma organização algo único e diferente. Já a cultura corporativa pode ser imposta por alguns membros da alta cúpula, cujos valores nem sempre são, necessariamente, aqueles da cultura organizacional. Da mesma forma, grupos de pessoas podem impor algum modelo de comportamento que acaba afetando toda a organização. É o caso de características específicas de algumas profissões que se impõem indiferentemente ao ambiente em que se atue.

---

15 Ver Capítulo 5.

Essa parte do livro está permeada pelo conceito da liderança compartilhada, uma nova tendência que visa explicar o fenômeno da liderança nas organizações do século XXI. Trata-se de um conceito antigo, mas se pode dizer que retorna com força nos dias atuais, moldando a cultura das organizações por uma razão muito simples: a liderança compartilhada faz sentido no mundo atual.[16] As organizações do século XXI são muito maiores, complexas e sofisticadas quando comparadas com suas congêneres dos séculos anteriores e, portanto, aquilo que fazia sentido na administração de antigamente já não se aplica inteiramente às organizações que queiram sobreviver no século XXI. É preciso novas formas para enfrentar os desafios gerenciais de agora.

Nas organizações de hoje há muita informação disponível e de acesso fácil para todos, muita especialização e automação; nelas não há mais detentores únicos do saber; não há centros de poder. Pela primeira vez na história da humanidade, as organizações convivem com a possibilidade de ter quatro gerações trabalhando lado a lado. Portanto, estruturas convencionais de liderança não são mais adequadas às demandas de novos padrões de direção, coordenação e controle das organizações atuais, porque as características delas são muito diferentes do que foram no passado.

Por outro lado, também se pode dizer que as pessoas nunca foram tão fiscalizadas e controladas nas organizações (e fora delas) como hoje pelo chamado controle digitalizado: câmaras existentes por toda parte nas organizações e locais públicos; registros de todas as atividades existentes nas memórias dos computadores, entre outras formas digitais de fiscalização. Portanto, não se diga que a fiscalização e controle são funções administrativas ultrapassadas e restritas aos rigores da administração científica, elas são praticadas de maneira diferente, condizente com as solicitações atuais; nesse sentido, velhas e novas tendências convergem para resolver problemas gerenciais atuais. Também os padrões de comportamento são afetados por novas tendências educacionais e culturais, seja nas famílias como nas escolas, de maneira que as expectativas das pessoas hoje também são outras comparadas com o que foram no passado.

Não se deve, portanto, insistir em ações do passado para equacionar situações do presente. Neste sentido, propõe-se uma revisão dos conceitos ligados à liderança, como já foi visto em capítulos anteriores. Ela sempre foi vista como resultante da ação de indivíduos carismáticos, messiânicos ou heroicos. Na visão prevalente até aqui, a liderança é considerada sempre como um fenômeno

16 Ver citação de Lao Tsé na introdução do livro.

individual no qual se destaca a figura de uma pessoa que sozinha dá direção e provê inspiração a um grupo de seguidores. A ideia tradicional de um líder que dirige, orienta, seduz, manipula, inspira, motiva, coage ou determina autocraticamente é muito reducionista para as organizações do século XXI com as múltiplas e complexas demandas dos seus grupos de interesse. Essas ações são muito complexas e volumosas para serem confiadas a uma única pessoa; ela não conseguirá dar conta da tarefa sozinha. Não conseguirá física, emocional e cognitivamente responder de maneira satisfatória a todas as demandas a que estará exposta, colocando em risco a própria organização se insistir em fazê-lo. Por mais sedutora que seja a ideia de idolatrar o líder herói, isto só faz sentido para afagar egos vaidosos e famintos de poder pessoal.

A liderança compartilhada é uma manifestação visível na cultura organizacional que tenha se apropriado deste conceito; faz parte do dia a dia da organização. O conceito da liderança compartilhada está centrado em desconsiderar a visão do líder individual, heroico, salvador da pátria, que tudo sabe e a quem os demais estão dispostos a seguir. A necessidade da liderança compartilhada emerge como foi dito, a partir da crescente complexidade inserida na necessidade de respostas rápidas para fazer frente às mudanças complexas nas organizações do século XXI. São equipes de líderes que compartilham decisões no mesmo nível hierárquico. Nessas organizações, deve fazer parte da cultura organizacional compartilhar decisões e assumir papéis de liderança dependendo da situação que se apresente ao líder. Nelas, todos podem ser líderes. É importante lembrar que não se trata de assembleísmo em que todos opinam sobre tudo, o tempo todo e onde cada um faz o que quer como se houvesse uma liberação geral para que todos mandassem e fizessem o que bem entendessem.

Liderança coletiva tem de ser entendida como um processo dinâmico em que grupos utilizam suas experiências e habilidades em rede para dar respostas ao conjunto de demandas da governança de uma organização complexa. A noção de redes é fundamental para o entendimento do conceito de liderança compartilhada. Como já se viu, trata-se de uma abordagem contrária à visão do líder individual heroico; são equipes de líderes que compartilham suas experiências e habilidades. Ela tem sido designada por uma série de denominações, que engloba: compartilhada, dispersiva, delegada, democrática, distribuída, colaborativa, coletiva, cooperativa, concorrente, coordenada, relacional e, possivelmente, outras. A simples menção das várias denominações pelo qual esse fenômeno é designado já leva à conclusão de que é um conceito em reformulação, sujeito a novos delineamentos e entendimentos, embora não seja tão novo nem tão pouco praticado. Com atenção apurada, se perceberá que grandes corporações públicas e privadas, cada vez mais, adotam práticas de governança englobáveis neste conceito, embora nem sequer suspeitem que o estejam fazendo. Fazem-no simplesmente para responder às necessidades sentidas no seu dia a dia.

É importante dizer que a liderança coletiva não prescinde do líder; tanto é assim que considera que todos podem ou devem ser líderes em determinadas circunstâncias. O conceito prioriza o grupo de líderes, que pode englobar toda a organização, e reconhece a rede de poderes existentes nela, inclusive a informal.

Não pense, por fim, que todos valorizam esses conceitos. Ainda hoje muitos não veem a importância de suas definições e não estabelecem uma relação de causa e efeito entre o sucesso da organização e seu arcabouço conceitual. Debatem-se interminavelmente à procura de caminhos para suas organizações, amargando insucessos e frustrações sem admitir conceder em sua arrogância e presunção. É fundamental para o dia a dia das organizações que tenham conceitos bem definidos, disseminados e compreendidos para que todos se alinhem na busca da consecução dos objetivos.

10

A MISSÃO

É a razão de ser de uma organização; nela estão representadas as necessidades sociais a que ela atende e seu foco fundamental de atividades. A missão comunica o propósito da organização da mesma forma que "a missão pessoal mostra o que você faz; o propósito para o qual você existe. Ela responde à pergunta existencial: eu estou aqui para fazer o quê?".

Algumas pessoas podem não querer explicitar sua missão por temor de ficarem atados a ela; a missão pessoal não é um fator de controle, mas sim libertador das potencialidades de quem sabe o seu caminho. Indivíduos que compreendem a razão do que estão fazendo resistem melhor às solicitações estressantes da vida diária, porque a coerência de suas missões os ajuda a focar objetivos, definir prioridades e não simplesmente reagir às solicitações do meio ambiente. A missão organizacional é a proposta para a qual, ou a razão pela qual, uma organização existe. É o propósito central para a criação de um grupo ou organização. Ela deve chamar a atenção para uma direção clara, enfatizando o objetivo da singularidade do indivíduo ou da organização. Em geral, contém informações sobre o tipo de produtos ou serviços que uma empresa produz, quem são seus clientes e em que valores importantes ela acredita. É uma declaração muito ampla da diretriz organizacional. Uma boa declaração de missão ajuda a:

- concentrar esforços para uma direção comum;
- criar padrões de comportamento;
- definir o escopo do negócio;
- dar novo enfoque à organização durante uma crise;
- assegurar que a organização não persiga propósitos conflitantes;
- servir de base lógica geral para alocar recursos organizacionais;
- desenvolver valores ou cultura compartilhada;
- estabelecer áreas amplas de responsabilidades por tarefas dentro da organização;
- atuar como base para o desenvolvimento de objetivos organizacionais comuns.

A missão é o foco da organização e sua razão de ser. Ela fornece direção para o desenvolvimento da estratégia, definindo os fatores críticos de sucesso, localizando as oportunidades e ajudando na escolha do que satisfaz seus grupos de interesse. É ela que distingue uma empresa de outra, tornando claro o que é exclusivo de cada uma. É a missão que dá foco coerente à empresa, a partir do qual o processo de criação de bens ou serviços se realiza. Cabe à liderança constantemente manter o foco alinhado com a missão; cabe ao líder manter o foco na missão para que a organização não se disperse nem divague sem rumo, quando então se instala a desorientação, surgem os conflitos e por fim o caos.

Parafraseando Peter Drucker, pode-se dizer que planejamento estratégico envolve o processo socrático. Também na definição da missão da organização se deve, como naquele processo, responder a algumas perguntas, como: "O que é a organização?". É importante responder a essa pergunta sobre a identidade para distinguir o que a organização *é* do que *faz*. Por exemplo: à pergunta "O que a Disney é?", talvez muitos respondessem tratar-se de uma empresa de entretenimento e diversões, quando na verdade o negócio da Disney é vender sonhos, ilusão e fantasia; há varias consequências de um e de outro entendimento. Outros exemplos: a Avon vende beleza, e não produtos de maquiagem; a Coca-Cola vende emoção, e não refrigerantes; a Esso vende potência para o motor do seu carro, e não combustível; o Google organiza informação útil e acessível, e assim por diante.

Portanto, a pergunta "O que é a organização?" é respondida com a definição de sua identidade, que faz seus membros acreditarem no que ela tem de importante, diferente e duradouro. Seguem-se à essa pergunta outras com igual importância para se entender a missão.

- "Quais são as necessidades básicas que a organização deve satisfazer ou os problemas que ela deve tentar resolver?" A resposta a esta pergunta dá uma justificativa à empresa para não se tornar um fim em si mesma.
- "O que a organização faz para reconhecer, se antecipar e responder a essas necessidades?" A atenção a tais necessidades deve desencadear os ajustes da organização à sua missão, nível de produção de serviços, estrutura de custos, gestão e estrutura organizacional necessária para manter a efetividade.
- "Como a organização deve dar satisfação aos seus principais grupos de interesse?" Esta pergunta força a organização a uma reflexão e definição

com relação aos interesses que ela deve, primordialmente, atender, como e quando.

- "Quais são os valores, a filosofia e a cultura da organização?" Definições claras acerca desses tópicos, feitas antes do desenvolvimento de estratégias, evitam a ocorrência de muitos erros estratégicos graves que podem comprometer a instituição.
- "O que faz desta organização única e diferente das demais?" Se não existe nada diferente e único nesta empresa, por que não fechá-la?

Em suma, para definir sua missão, a organização deve responder a essas perguntas, que podem ser postas de maneira mais simples: "O que a organização faz?"; "Como faz?"; "Para quem faz?" e "Qual o impacto maior dessa ação na comunidade?". Para avaliar o impacto maior na comunidade, deve-se pensar o que acontece com ela se a organização deixar de existir.

A organização deve ser capaz de reproduzir a sua missão com poucas frases. A concisão indica que os responsáveis pela definição da missão conhecem bem a organização a ponto de exprimi-la dessa maneira. Peter Drucker dizia que a declaração da missão deve ser suficientemente curta a ponto de poder ser impressa na frente de uma camiseta a ser distribuída entre as pessoas que trabalham na organização para que elas levem no peito a mensagem principal; literalmente isso simbolizaria o ato de "vestir a camisa". Algumas empresas imprimem a missão no verso do crachá para que as pessoas sempre se lembrem do seu conteúdo.

É importante lembrar que a missão (assim como os demais conceitos básicos) não pode ser letra morta a ser exibida apenas em camisetas, crachás, paredes, telas de descanso dos computadores ou documentos da organização; ela deve estar presente em cada atitude dos seus membros, principalmente entre os representantes da alta cúpula. O exemplo da alta cúpula é fundamental para a disseminação e sedimentação da missão. Alguém já manifestou sua admiração por outrem comprometido com a ação, dizendo: "suas atitudes falam tanto que eu não consigo ouvir o que você diz", querendo, com isso, destacar o necessário grau de comprometimento esperado com a ação em contraposição àqueles que apenas falam em vez de fazer.

George James, ex-vice-presidente e diretor financeiro da Levi Strauss, disse:

> A empresa pediu a cada uma de suas divisões que descrevesse sua própria missão, além da missão maior de toda a companhia. A declaração da missão deve conter somente alguns parágrafos descritivos do que a empresa está tentando ser.

> É revisada todos os anos, mas nós desencorajamos pequenas mudanças. A declaração de missão da empresa, como um todo, não tem sido mudada nos últimos cinco ou seis anos.

Desta frase podem-se tirar duas conclusões:

1. As empresas devem encorajar suas unidades ou subdivisões a também definirem suas missões.
2. Os conceitos básicos não são imutáveis: eles podem ser modificados na medida em que mudanças externas ou internas assim exijam. As missões e os valores individuais mudam ao longo da vida, mas não a toda hora; assim também as organizações não podem mudar seus conceitos básicos a todo momento. Se há uma hierarquia de mudanças, poder-se-ia dizer que a visão muda mais frequentemente para adaptar o planejamento à realidade cambiante do meio ambiente no qual a organização está inserida; em seguida, pode-se mudar a missão, com o mesmo propósito; e, por fim, os valores, que são muito mais difíceis de serem mudados, pois têm a ver com as crenças mais profundas da liderança.

A esse propósito, Almeida afirma:

> "O conceito de missão está ligado à razão de ser, que pode ser de uma organização, unidade, ou de um profissional, sendo que uma unidade deve estar em sintonia com a missão da organização da qual faz parte, assim como a atuação do profissional".[1]

Este autor confirma sugestão de que as unidades de uma organização também devem ter suas missões definidas de maneira que seus integrantes possam se identificar com ela e se comprometer com o produto final. Obviamente que as missões das unidades devem estar alinhadas com a missão da organização como um todo. Da mesma forma, as missões individuais dos profissionais devem estar alinhadas com a missão da organização em que atuam, caso contrário não há razão para nela permanecer. É obvio que nessa afirmação deve ser dado o devido desconto para o fato de que todos necessitam trabalhar para o seu sustento e que, mesmo com missões conflitantes, as pessoas permanecem trabalhando para organizações com cujas missões não concordam. Porém, isso contribui com as

1 ALMEIDA, A. M. F. *A escola de dirigentes paulistas*. 1999. 292 p. Tese (Doutorado em Educação) – Universidade de Campinas, 1999.

insatisfações, neuroses, somatizações e outros fenômenos devidos ao estresse da vida moderna. Assim como com relação aos valores, também aqui se pode dizer que a empresa é um conjunto de pessoas e que a missão dela tem paralelismo com a missão daqueles que nela trabalham.

Talvez a palavra **missão** não seja o melhor vocábulo para expressar o que se está querendo dizer aqui, pois para alguns ela pode ter um caráter religioso de compromisso com algo divino ou extraterreno. Sua origem data de 1598: foi usada primeiro pelos jesuítas, que enviavam alguns de seus membros em missões noutras terras (*missio*, palavra latina que indica "o envio a outros lugares"). No entanto, essa é a palavra consagrada pelo uso para expressar a razão de ser da organização, seu negócio, seu compromisso com o resultado. Não há nada de religioso nela, nesse contexto. Autores de língua inglesa usam a expressão *mission statement*, cuja tradução livre poderia significar "declaração de missão".

Muitos autores relacionam fortemente o conceito de estratégia com a definição da missão da organização. Essa relação existe e é forte, é inegável, mas se deve destacar a importância da definição e da disseminação da missão que vai além da estratégia ou a antecede. A missão descreve a existência da organização, a despeito de não se poder implantar qualquer uma de suas estratégias. Ou seja, a missão existiria sem a estratégia, mas a recíproca não é verdadeira. Essa recíproca só é aventada aqui para fortalecer a compreensão do conceito, uma vez que na prática ela não existe; ou seja, não há estratégia sem missão porque não haveria organização sem missão.

11

A VISÃO

A visão é o estado que a organização deseja atingir no futuro. A visão tem a intenção de propiciar o direcionamento dos rumos de uma organização. A pergunta que toda criança ouviu, provavelmente se fez e respondeu várias vezes na infância – "O que você quer ser quando crescer?" – equivale à visão da organização, assim como a pergunta "O que você é?" equivale à missão. Nikos Kazantsakis[1] diz que, "ao acreditarmos apaixonadamente em algo que ainda não existe, nós o criamos. O não existente é aquilo que não desejamos suficientemente".

Os cenários que se constroem com a visão colocam o futuro em foco, permitindo visão à imaginação convergente (sintética), criando a grande meta para a organização. Aonde ela quer chegar? Onde quer estar daqui a cinco, dez, 20 anos? Que serviços ou produtos estará ofertando aos seus clientes? Que tipo de imagem terá junto à população? Quanto e como terá crescido?

A complexidade do mundo moderno, com suas ambiguidades e contradições, aliada à rapidez das mudanças, exige da organização uma visão clara de aonde ela quer chegar para poder dirigir-se com segurança ao seu objetivo. A visão deve encaminhar a organização para resultados, por meio de um processo contínuo de antecipar mudanças, aproveitar oportunidades que vão surgindo e corrigir o rumo no longo prazo.[2] A visão é a grande meta sobre a qual se inicia todo o processo de planejamento. Quando se define a visão de uma organização, o que se busca é a realização dos sonhos e esperanças das pessoas ligadas a ela; isso diz respeito àquilo que se está tentando construir.

A visão por si só não diz como a organização deve chegar ao seu destino – isso cabe ao planejamento –, mas ela define e orienta o planejamento. Trata-se de um conceito abrangente sob o qual se acomodam vários outros conceitos organizacionais, o que contribui, às vezes, para dificultar sua compreensão. Uma das

---

1 Considerado um dos mais importantes escritores e filósofos gregos do século XX (1883-1957), autor do romance *Zorba, o grego*.

2 MOTTA, F. P. C.; VASCONCELLOS, I. F. G. *Teoria geral da administração*. São Paulo: Thomson, 2002.

razões para isso é que vários conceitos se confundem uns com os outros, quando não se sobrepõem.

Para ajudar a esclarecer essas dúvidas, Collins e Porras[3] sugerem a definição de uma estrutura para a visão composta de dois elementos: uma filosofia orientadora e uma imagem tangível que se queira alcançar no futuro da organização. A visão começa a ser definida a partir da filosofia orientadora que permeia as decisões, diretrizes e ações da organização; pode ser comparada com a filosofia de vida de uma pessoa. Trata-se de um "código genético", que atua como força modeladora subjacente. Para se tornar uma organização visionária (em contraposição a uma possuidora de um líder visionário de quem tudo depende), a filosofia orientadora deve transcender os fundadores e permanecer mesmo depois que eles tenham passado. Mesmo que em sucessivas gerações de líderes a filosofia adote novos formatos, devem-se preservar os elementos mágicos da orientação original. A filosofia orientadora é composta de dois elementos: os *propósitos* da organização e seus *valores e crenças principais*. A imagem tangível, por outro lado, traz a concretude da realidade e aspirações, sonhos e esperanças de um momento futuro. Enquanto a filosofia orientadora permanece subjacente no dia a dia, a imagem tangível está suprajacente nela, como algo a ser alcançado. A filosofia orientadora é profunda e serena, enquanto a imagem tangível é carregada de emoção e estimula a ação.

Entende-se que a visão deve ser tanto qualitativa como quantitativa, embora outros autores não concordem, ao exemplificar visões apenas qualitativas. Portanto, a visão pode ser expressa por meio de metas que contenham a filosofia orientadora e a imagem tangível. Esse é o exemplo do presidente Kennedy, que afirmou em seu discurso de posse "que os Estados Unidos conseguiriam, antes do fim desta década [1960], colocar um homem na Lua e fazê-lo retornar com segurança à Terra".

É importante que a visão seja definida com alguma paixão e com a crença de que se pode alcançar aquilo que se deseja. A visão tem de ser inspiradora, a ponto de despertar nas pessoas o desejo de compartilhar a ação, alinhada com as diretrizes da organização, para a consecução da missão. Ao contrário da missão, a visão é uma definição muito mais ligada ao consumo interno da organização e não ao público externo; ela interessa aos membros da organização. Peter Senge fala em visão compartilhada como resposta à pergunta "O que se quer criar?". A

---

3 COLLINS, J. C; PORRAS, J. I. Organizational vision and visionary organizations. In: HICKMAN, G. R. (Ed.). *Leading organizations:* perspectives for a new era. California: Sage Publications Inc., 1998.

visão compartilhada seria uma imagem comum que as pessoas carregam, criando um senso de comunidade que permeia a organização e dá coerência às diversas atividades nela desenvolvidas.[4] É a visão do brilho individual, exemplificado pela escola de samba, que transforma em sucesso o potencialmente caótico espetáculo do Carnaval brasileiro. Organizações visionárias nada têm a ver com o glamour de fazer discursos e inspirar os colaboradores, mas com a solução dos problemas do dia a dia tendo a visão em mente. É preciso lembrar que não raro os artistas não estão interessados no processo de criação, e sim nos resultados que ele apresenta. As visões realmente compartilhadas levam tempo para se solidificar como práticas organizacionais. Elas emergem como subprodutos da interação de visões individuais.

Max DePree, principal executivo da Herman Miller Company, diz que uma das principais responsabilidades de um líder é saber interpretar e definir as realidades da organização em todas as suas dimensões:

- como ela cresceu até o momento atual;
- sua estrutura, cultura e a forma de conduzir suas ações;
- seus desafios, perspectivas de obsolescência, novos processos e oportunidades emergentes;
- suas vantagens competitivas e limitações;
- a capacidade gerencial e da força de trabalho;
- as tendências externas que podem afetá-la.

Todos esses fatores ajudam a liderança a definir um senso de direção ou uma visão que seja realista, crível e atrativa para o futuro da organização. Na medida em que uma massa crítica se apropriar dessa visão, ela se tornará realidade e poderá ser uma poderosa força propulsora, ao:

- criar significados para todos;
- definir desafios compensadores;
- energizar as pessoas;
- trazer o futuro para o presente;
- criar uma identidade comum.

---

4 SENGE, P. M. *The fifth discipline*: the art and practice of the learning organization. New York: Doubleday/Currency, 1990.

TABELA 11.1 - COMPARAÇÃO DE ORGANIZAÇÕES COM E SEM VISÃO DEFINIDA

	SEM	COM
Direcionador	Problemas	Oportunidades
Condição geral	Estabilidade	Mudança
Base para o sistema de informação	Passado	Progresso em direção a objetivos
Tomada de decisão	Tática	Estratégia
Medição de resultados	Curto prazo	Longo prazo
Mecanismos de controle	Hábito e medo	Pressão do grupo
Estilo de planejamento	Reativo	Proativo

Segundo Scott, Jaffe e Tobe, uma declaração de visão poderosa deve:

- mostrar aonde a organização quer chegar;
- ser fácil de ler e entender;
- abranger o espírito desejado pela organização;
- poder ser usada para orientar decisões;
- chamar a atenção das pessoas;
- descrever a situação escolhida para o futuro da organização;
- mexer com as pessoas;
- ser motivadora, mesmo em momentos difíceis;
- ser considerada atingível.

A visão, assim como todos os conceitos básicos da organização, deve ser revista de tempos em tempos (por exemplo, durante o exercício anual de planejamento estratégico) porque precisa ser refocalizada em razão de mudanças demográficas, tecnológicas, entre outras, ou porque é necessário abandonar algo que não produz resultados, mas consome recursos, ou simplesmente porque o objetivo foi atingido e se vislumbram novos patamares de desafios.

12

OS VALORES

Os valores organizacionais são o entendimento e as expectativas que descrevem como os profissionais da organização se comportam e sobre os quais todas as relações organizacionais estão baseadas. Podem também ser definidos como "um padrão ou qualidade de princípios considerados em si válidos ou desejáveis."[1] São fontes de força e diante de incertezas dão às pessoas orientações de como agir do ponto de vista organizacional. "Os valores de uma empresa – o que ela defende e que seu pessoal acredita – são cruciais para seu sucesso competitivo. Na verdade, os valores impulsionam o negócio." Os valores compõem a filosofia administrativa da organização para alcançar seu objetivo com sucesso.

"O líder do século XXI deve se comprometer com o estabelecimento, a disseminação e a atualização de valores e princípios organizacionais que promovam a cultura de excelência na organização em que atua", diz o professor Isnard Marshall Jr.[2]

Bhargava e Mathur enfatizam que o sistema de valores é a base para a cultura organizacional, promovendo senso de direção para todos que nela trabalham e guiando seu comportamento. Valores seriam, portanto, crenças que direcionariam atitudes, julgamentos e comportamentos individuais nas organizações.[3] É mais fácil predizer o comportamento uns dos outros quando se compartilham os mesmos valores; as pessoas têm maior consenso sobre os comportamentos esperados. Os valores representariam também a motivação para a tomada de decisões, assim como para a execução de ações. Freitas considera que os valores influenciam a definição de prioridades, isto é, qual informação será mais seriamente considerada nessa definição, delimitando possibilidades de ascensão das pessoas, bem como na comunicação externa sobre o que se pode esperar da organização.[4]

---

1 FUNDAÇÃO NACIONAL DA QUALIDADE (FNQ).

2 Coordenador acadêmico de MBAs da FGV-EAESP, citado pelo jornal *Valor Econômico*, p. 4, 26 nov. 2007.

3 BHARGAVA, S.; MATHUR, R. *An empirical study on transforming 21st century organizations through values.* 8th Bi-Annual Conference of the International Society for the Study of Work and Organizational Values, 2002. Anais...

4 FREITAS, M. E. de. *Cultura organizacional*: formação, tipologias e impactos. São Paulo: Makron, 1991.

As pessoas atuam e tomam decisões baseadas num sistema de crenças e valores geralmente inconscientes; é o conjunto daquilo que é mais importante na vida de cada um. As pessoas são o que seus valores são, embora nem sempre isso seja explicitamente consciente e claramente admitido. Mas são os valores que as fazem serem o que são; comportarem-se da maneira como se comportam; vestirem-se da maneira como se vestem (os símbolos da moda são grandes reveladores de valores); votarem nos candidatos ou nos partidos em quem votam; decidirem-se por uma profissão ou por uma especialização; fazerem os amigos que fazem; casarem-se com os cônjuges com quem se casam – enfim terem aquela personalidade, serem aquele indivíduo e cidadão. Tais valores se desenvolveram ao longo da vida e foram apreendidos primeiro em casa com a família; depois na escola; na igreja; nos clubes; grupos sociais; na universidade; com leituras; com os amigos; no emprego, e assim por diante, moldando valores na vida de cada um. Ninguém sai pela rua desfraldando bandeiras e proclamando seus valores, mas isso nem é necessário, porque todos se comportam e demonstram publicamente quais são eles (ou deixam de ser).

Ora, as organizações nada mais são do que um conjunto de indivíduos trabalhando juntos para alcançar determinados objetivos. Portanto, da mesma forma como as pessoas agem de acordo com seus valores, também as organizações atuam de acordo com eles. Valores organizacionais não são valores pessoais, entretanto constituem os valores daqueles que nela atuam no que se refere ao funcionamento da organização: dizem respeito ao que um grupo considera ideal, aos princípios que devem orientar as ações organizacionais, na perspectiva desse grupo. Os valores organizacionais podem não refletir os valores pessoais no que se refere à organização, mas as pessoas aderem a eles, em virtude das pressões exercidas pelo grupo dominante. Orientadas por um conjunto de valores organizacionais, os funcionários estarão prontos para receber as metas e os objetivos e começar a trabalhar para realizar a missão e alcançar a visão da organização.[5]

Kuczmarski lista a seguir 12 passos para uma organização desenvolver um processo de adoção de valores, a saber:

1. Informar a organização e listar os valores e as crenças pessoais.
2. Priorizar os cinco principais valores desejados no lugar de trabalho.

5 RUSSO, G. M. *Diagnóstico da cultura organizacional:* o impacto dos valores organizacionais no desempenho das terceirizações. São Paulo: Elsevier, 2010. Disponível em: <http://www.giusepperusso.com.br/culturaorganizacional/importancia2.html>. Acesso em: 21 fev. 2011.

3. Publicar uma lista de todos os valores das pessoas que trabalham na organização, segmentados por áreas e categorias.
4. Revisar os valores individuais e classificar as principais categorias do grupo.
5. Desenvolver um conjunto de valores para o grupo.
6. Esboçar maneiras específicas de ativar e reforçar os valores.
7. Desenvolver uma declaração de valores das pessoas.
8. Formular uma declaração de valores da organização.
9. Desenvolver e produzir "lembretes" dos valores.
10. Promover o seguimento da implantação da declaração.
11. Identificar os valores desejados para transmitir aos clientes.
12. Determinar valores a serem usados para desenvolver novos produtos e serviços.[6]

É preciso entender que, quando se fala em valores das pessoas ou das empresas, nem sempre se fala em coisas "boas", mas sim daquilo que elas valorizam, das suas crenças. Mesmo organizações fora da lei (portanto "não boas") às vezes têm valores tão fortes que são fatores de coesão e equilíbrio interno, dispensando os instrumentos formais (como estatutos, contratos sociais ou outros regulamentos e regras escritas) de consolidação das organizações feitas sob a égide da lei.

Se todos tivessem os mesmos valores, o trabalho em grupo seria possivelmente facilitado, porém cheio de vieses que só a unanimidade consegue. Por um lado, a realidade é composta de uma diversidade de valores e crenças que dificultam a harmonia do grupo, mas, por outro, acrescentam-lhe riquezas de conteúdo e de resultado. A pluralidade e a diversidade são características do mundo moderno com as quais a liderança do século XXI deverá estar bem familiarizada.

É importante notar que os valores podem mudar ao longo dos anos porque as novas gerações que chegam ao mercado de trabalho trazem consigo a sua forma de ver o mundo – um mundo modificado, seja pela tecnologia, seja pelos novos costumes por ela influenciados. Foi assim com a chamada geração dos *baby boomers*, os quais, nascidos após a Segunda Guerra Mundial, trouxeram uma forma diferente de ver o mundo e as relações pessoais e, por consequência, de ver o trabalho. A sequência de duas guerras mundiais deixou marcas muito profundas

6 KUCZMARSKI, S. S.; KUCZMARSKI, T. D. *Liderança baseada em valores:* reconstruindo o compromisso, o desempenho e a produtividade do empregado. Trad. Neyd Siqueira. São Paulo: Educator, 1999.

naquela geração e na sua forma de ver o mundo. Foi uma geração muito marcada pelo individualismo e caracterizada pela ambição e pela busca do sucesso pessoal, de forma a tentar sobreviver se o mundo mergulhasse novamente numa nova guerra mundial. Já as gerações subsequentes às dos *baby boomers* (chamadas de "X" e "Y") obviamente têm interesses diferentes (o balanço do pêndulo social), caracterizando-se pelo imediatismo, pela busca de resultados rápidos, mas não a qualquer preço, pelo compromisso com a transparência e a coletividade das redes sociais. Essas gerações já são o reflexo dos erros e acertos dos *baby boomers*. São as primeiras gerações a entrar no mercado de trabalho dominando, desde tenra idade, os meandros da sociedade digital. Obviamente os valores dessa sociedade serão diferentes daqueles dos *baby boomers*.

Para Collins e Porras,[7] os valores são crenças que influenciam o comportamento, as relações e o processo decisório de uma organização e respondem às seguintes perguntas:

- Como se quer conduzir a organização?
- Como se quer tratar as partes interessadas?
- O que se valoriza na organização?
- Quais as crenças prevalentes na organização?

Para Klenke, há características que são comuns entre as diversas definições possíveis para os valores:

- são mais genéricos do que específicos;
- podem ser aplicados em todos os níveis organizacionais;
- tendem a ser duradouros;
- direcionam o comportamento individual por um senso de propósito; e, portanto,
- geram comportamentos adequados às necessidades dos grupos.[8]

No tocante à importância das declarações de valores nas empresas, Jack Welch diz que elas têm de ser claras. "Sua empresa jamais atingirá suas metas se tudo o que tiver para orientá-la for uma lista de lugares-comuns pendurada na parede." Ele acredita que a missão indica o caminho que todos devem seguir, mas não

---

7 COLLINS, J.; PORRAS, J. L. *Feitas para durar*. Rio de Janeiro: Rocco, 2007.

8 KLENKE, K. Corporate values as multi-level, multi-domain antecedents of leader behaviors. *International Journal of Manpower*, v. 26, n. 1, p.50-68, 2005.

explica como devem chegar lá; a descrição do que ele chama de "personalidade corporativa", ou seja, de que maneira se pode chegar a realizar a missão, seria tarefa da declaração dos valores que deveriam orientar a conduta das pessoas na organização. Cultivar valores que sirvam de suporte à missão é algo que exige o envolvimento de toda a organização e o comprometimento direto da alta direção:

- A criação de valores precisa ser um processo interativo disseminado entre todas as pessoas da organização.
- A descrição dos valores deve ser específica.
- Para que os valores tenham realmente algum significado, as organizações devem abertamente premiar as pessoas que os cultivam e punir as refratárias a eles.
- Para que a missão e os valores da empresa trabalhem juntos, de maneira eficiente, é preciso que um reforce o outro.

Na opinião de Welch, se uma pessoa que trabalha na organização não se identifica com seus valores, então ela deve deixá-la.[9]

Os valores mais comumente encontrados na descrição das empresas são ambição, competência, individualidade, igualdade, integridade, serviços, responsabilidade, acurácia, respeito, dedicação, diversidade, melhoria, satisfação, lealdade, credibilidade, honestidade, inventividade, trabalho em equipe, excelência, responsividade, empoderamento, qualidade, eficiência, dignidade, colaboração, acolhimento, empatia, consecução de resultados, coragem, sabedoria, independência, segurança, desafio, influência, aprendizado, compaixão, amizade, ordem e disciplina, generosidade, persistência, otimismo, credibilidade, flexibilidade.

Da mesma forma, é importante listar palavras que são frequentemente usadas em declarações de valores e que, apesar de importantes na vida das pessoas, não se caracterizam como valores organizacionais: família, Igreja, profissionalismo, e assim por diante. Em todos esses elementos existe algo que pode ser valorizado: na família, os relacionamentos; nas Igrejas, a espiritualidade; no profissionalismo, a integridade em tudo o que se faz, e assim por diante.

Os céticos e os cínicos dirão que as declarações de valores nada mais são do que mensagens hipócritas sem nenhum sentido prático no dia a dia das organizações. Dirão mais, que as organizações só as fazem agora porque virou moda e para estarem dentro dos cânones da modernidade, para serem vistas como

9 WELCH, J. Revista *Exame*, p. 162-163, 21 out. 2009.

politicamente corretas. Gostam de destacar quantas vezes as organizações agridem os próprios valores. Ora, o fato de uma organização disseminar seus valores intra e extramuros não significa que todos nela agirão sempre de acordo com os valores declarados; que não haverá nenhuma quebra de compromisso em relação a eles. Isso seria pretender que as pessoas também atuassem sempre de acordo com seus valores e que nunca cometessem nenhuma falta no que diz respeito a eles. Sabe-se que isso não é verdade, pois todos agredimos os valores individuais uma ou outra vez na vida, sem por isso deixar de valorizá-los; apenas se procura no futuro não cometer a mesma falta e se comportar de acordo com eles. Faz parte da natureza humana errar, arrepender-se e aprender com os erros sem que as pessoas deixem de ser virtuosas nem mereçam execração pública por terem cometido uma falta, principalmente se dela tirarem um aprendizado. Da mesma forma, as organizações. As pessoas nas organizações ou fora delas não se comportam como robôs ou computadores que possam ser programados para sempre executar as mesmas ordens. Os valores são apenas referências para o comportamento delas dentro da organização; espera-se que ajam de acordo com eles.

13

AS POLÍTICAS GERAIS OU BÁSICAS

As políticas gerais ou básicas, conforme apresentadas neste capítulo, estão vinculadas à noção de procedimentos e normas práticas. Elas ajudam a dar contornos ao conceito mais amplo de cultura organizacional. As decisões dentro de uma organização exigem abordagens que reduzam as alternativas com que se defrontam as pessoas que nela trabalham; trata-se de um guia que permite materializar as definições estratégicas.

Tais políticas, às vezes também chamadas de diretrizes internas, são aquelas "normas da casa" que a organização define para serem cumpridas por todas as unidades. Não devem ser confundidas com políticas internas no sentido filosófico, como no caso da "política da qualidade", que expressa o conceito da organização com relação à atitude de seus membros em face da qualidade esperada em seus produtos ou serviços. De maneira simples, podem ser definidas "como as coisas são feitas por aqui devido à nossa cultura". Elas existem para prevenir ou ajudar a resolver problemas existentes ou potenciais; não têm razão de existir se não houver um problema a ser resolvido ou evitado. Pode-se dizer que a política básica é um programa geral de ação que guia os membros na execução de suas tarefas. Como as pessoas são diferentes, pensam de modo diferente; têm diferentes níveis de educação e compreensão; diferentes especializações e habilidades; diferentes estados de humor, e assim por diante. Sem a existência das políticas básicas, cada um tenderia a resolver os problemas ou tomar decisões de acordo com critérios próprios. Isso não acontece porque as organizações têm um conjunto de políticas básicas que orientam as ações de todos. Quanto mais detalhadas, disseminadas, conhecidas e apropriadas por todos, melhor será o desempenho da organização. Elas estão relacionadas com o uso ou o aproveitamento dos diferentes recursos ou insumos. Assim, como exemplos de possíveis políticas básicas se podem citar:

- Relativas às pessoas que trabalham na empresa:
  - atendimento à saúde;
  - absenteísmo e frequência;
  - integração e período de experiência;
  - procedimentos de pagamento;
  - plano de cargos e salários;
  - recrutamento, seleção, admissão e demissão;
  - licenças com ou sem remuneração;
  - uso de uniforme e crachás de identificação;
  - consumo de tabaco, álcool e drogas no local de trabalho.

- Para o uso dos recursos materiais:
  - utilização de equipamentos eletrônicos;
  - aquisição de materiais e equipamentos (só serão adquiridos dentro das especificações aprovadas pela comissão de compras);
  - realização de compras de acordo com uma lista de produtos padronizada pela empresa;
  - decisão de compra após análise de, pelo menos, três cotações;
  - aquisição somente junto a fornecedores cadastrados.

- Para o uso dos recursos financeiros:
  - alçadas para autorização de despesas;
  - endividamento;
  - contas a pagar e a receber;
  - rateios de custos;
  - adiantamentos.

- Para uso dos recursos organizacionais:
  - acesso e manuseio seguro das informações;
  - níveis hierárquicos e alçadas de decisão;
  - cumprimento de ordens de serviço;
  - horários de funcionamento e acesso às instalações.

Também podem existir políticas gerais ou básicas para outros setores da organização, tais como processos, comunicações etc.

A organização deve ter definida a forma de desenhar essas políticas e transformá-las em procedimentos organizacionais padrão. De fato, as políticas básicas se materializam nos procedimentos operacionais que farão parte dos manuais de rotinas e procedimentos da organização. Manuais são ferramentas organizacionais dinâmicas, flexíveis e adaptadas às mudanças que ocorrem em organizações complexas como as atuais; portanto, eles nunca podem ser considerados completos ou terminados. Trata-se de um guia que sofre adaptações sempre que as circunstâncias exigirem. Ele deve espelhar as políticas, diretrizes, normas e procedimentos mais convenientes para a organização naquele momento, e não o inverso, ou seja, a organização não deve reproduzir o manual por si mesmo. Caso isso ocorra, não haverá possibilidade de acompanhar as evoluções e alterações do ambiente externo, nem de cuidar da melhoria contínua e da racionalização dos métodos de trabalho. Um manual só atinge seus objetivos satisfatoriamente se for feita, constantemente, sua análise crítica pela área responsável por sua elaboração e pelos seus usuários. Caso contrário, os recursos aplicados na sua elaboração e desenvolvimento não terão o resultado desejado, e o manual se tornará, após algum tempo, uma ferramenta de gestão inútil e obsoleta.

Uma política básica bem definida deve conter os seguintes elementos:

- prefácio;
- objetivos;
- declaração geral da política;
- aplicação;
- requisitos básicos;
- responsabilidades;
- acompanhamento;
- referências;
- perguntas mais frequentes;
- apêndices.

Obviamente, as políticas básicas descritas na prática pelas organizações nem sempre seguem um guia como este; ele serve apenas para orientar os leitores que desejam elaborá-las. Como exemplo de conteúdo para uma política básica ou geral (no caso de segurança da informação corporativa), pode-se citar a que segue:

1. **Informação**
   1.1. Não divulgar nenhuma informação classificada como confidencial ou interna sem a autorização prévia do Núcleo de Informação em Saúde (NIS), devendo obter aprovação formal para a divulgação.
   1.2. É responsabilidade da equipe de tecnologia da informação garantir a disponibilidade da informação mantida sob sua custódia.

2. ***Backup***
   2.1. A equipe de tecnologia da informação deverá criar uma política interna nos institutos e fundações de *backup* em que estarão estabelecidos os rodízios de mídias, periodicidade, guarda das mídias, bem como toda a documentação para a execução e recuperação dos *backups*.
   2.2. É de responsabilidade dos usuários a cópia das informações importantes que estiverem armazenadas nos microcomputadores.

3. **Segurança física e do ambiente**
   3.1. Cabe aos institutos e fundações a adoção de medidas de proteção contra desastres nas dependências que abrigam os servidores de dados. Como referência, a Norma Brasileira ABNT NBR ISSO/IEC 17799:2005.

4. **Controle de acesso lógico**
   4.1. O acesso aos sistemas corporativos utilizados no Complexo só poderá ser feito mediante a autorização do diretor da área por meio do "formulário de autorização de acesso a sistema" que se encontra na intranet local.
   4.2. O acesso aos sistemas internos de cada instituto ou fundação deverá ser solicitado por meio de procedimentos estabelecidos pela informática local.
   4.3. Todo usuário deverá assinar um termo de responsabilidade ao receber *login* e senha para acesso, concordando com os termos descritos.
   4.4. O usuário deverá respeitar as permissões de acesso às aplicações de acordo com os perfis definidos.

4.5. O termo de responsabilidade deverá conter todas as regras relacionadas à utilização dos sistemas, senha, internet e e-mail.

4.6. Deverá ser criado um termo de responsabilidade aos terceiros quanto ao sigilo das informações, e o acesso deverá ser controlado.[1]

A título de exemplo, o Banco Interamericano de Desenvolvimento (BID) tem como políticas básicas para aquisição de materiais e equipamentos:[2]

1. **Normas comuns a todas as aquisições**

1.1. Uso eficiente e econômico dos recursos do Banco.
1.2. Relações jurídicas diversas.
1.3. Responsabilidades básicas.
1.4. Planejamento das aquisições.
1.5. Qualificação de empreiteiros e bens.
1.6. Requisitos de nacionalidade para empreiteiros de obras.
1.7. Critérios para determinar a nacionalidade de um empreiteiro.
1.8. Origem dos bens.
1.9. Transporte e seguro de bens.
1.10. Associação de firmas locais e estrangeiras.
1.11. Qualificação de empresas afiliadas para apresentar ofertas.
1.12. Aquisições com recursos de outras fontes.
1.13. Aquisições efetuadas antes da assinatura do contrato de empréstimo do Banco.
1.14. Procedimentos para programas globais de crédito.
1.15. Procedimentos para operações especiais.
1.16. Aquisições que não se ajustam às normas do Banco.
1.17. Supervisão do Banco.

2. **Licitação pública internacional**

2.1. Tipos de licitação. Fundamento da licitação pública.
2.2. Princípios básicos da licitação pública.
2.3. Contratos que requerem licitação pública internacional.
2.4. Aquisições em montantes inferiores aos limites estabelecidos.
2.5. Idioma e interpretação.

1 Política de segurança da informação corporativa do Hospital das Clínicas da Faculdade de Medicina da Universidade de São Paulo (HCFMUSP).

2 Inter-American Development Bank (IDB). Disponível em: <http://www.iadb.org/exr/proc/porindex.htm>. Acesso em: fev. 2018.

2.6. Publicidade para a licitação pública internacional.
2.7. Pré-qualificação.
2.8. Documentos de licitação.
2.9. Convocação para licitação.
2.10. Abertura e avaliação das ofertas.
2.11. Adjudicação.
2.12. Assinatura do contrato.
2.13. Legislação local.
2.14. Entidades especializadas.

3. **Outros métodos de aquisição**

3.1. Exceções à licitação pública internacional.
3.2. Circunstâncias expressamente previstas.
3.3. Bens para projetos educacionais, científicos, tecnológicos e ambientais.

4. **Normas para aquisições do setor privado**

4.1. Aplicação de políticas ao setor privado.
4.2. Licitação privada.
4.3. Métodos especiais de aquisição.
4.4. Conflito de interesses.

5. **Comitê de aquisições e procedimentos para a apresentação de protestos e denúncias de corrupção.**

5.1. Comitê de Aquisições do Banco.
5.2. Outras unidades do Banco.
5.3. Procedimento para a apresentação de protestos.
5.4. Procedimento para a apresentação de denúncias de corrupção.

6. **Divulgação de empréstimos e oportunidades de negócios**

6.1. Informação geral.
6.2. Divulgação de empréstimos aprovados.

14

CELEBRAÇÕES

Alguns autores sugerem que manifestações espirituais podem ser características desejáveis nas organizações. Este capítulo (e o seguinte, sobre mitos) aborda como as organizações chegam mais perto dessas características, entendidas como espirituais. As religiões cristãs adotam a comunhão como um de seus ritos mais importantes; ora, ela nada mais é do que a união de pessoas que se encontram ao redor da mesa para compartir o pão e celebrar a humanidade em sua forma mais pura e intensa. Outras religiões têm ritos semelhantes, todos exaltando a união de pessoas para fazerem coisas – religiosas ou mundanas – juntas. Disso se depreende que celebrações são atos importantes para qualquer grupo humano. São importantes para marcar os sucessos ou até mesmo os fracassos, ou apenas para reunir as pessoas em torno de algo que não seja propriamente o trabalho. Não precisam ser grandes celebrações nem grandes sucessos; pequenos progressos também devem ser comemorados na devida proporção.

Howard Schultz, presidente de Conselho e principal acionista da rede de cafés Starbucks, destaca a importância de celebrar os fracassos para lembrar como não se devem fazer as coisas e assim aprender com os próprios erros. É nisso que também acredita Sir Richard Branson, fundador do grupo Virgin da Inglaterra; ele diz que não existe fracasso, mas que cada percalço deve ser encarado como uma curva de aprendizagem. Ele nunca vê um revés como uma experiência desastrosa.[1]

As organizações são, também, pontos de encontro onde pessoas juntam suas potencialidades para realizar algo com mais propriedade do que poderiam fazê-lo sozinhas. Nelas compartilham grande número de horas de suas vidas em vigília, de tal forma que se pode quase dizer que passam a maior parte de suas vidas produtivas ligadas (quando não presentes) nas organizações em que trabalham. É óbvio, portanto, que a vida nas organizações transcorre sempre com manifestações

1 Citados pela revista *Exame*, p. 108, 07 abr. 2010.

de amor e ódio como em toda atividade que entretenha relações humanas.[2] Os "tapas e beijos" são inerentes às interações, e os grupos necessitam de momentos de pausa para refletir e celebrar o sucesso alcançado coletivamente, exaltando a grandeza da experiência humana compartilhada. São momentos de catarse que reanimam e inspiram as pessoas para tocarem adiante o dia a dia.

Celebrações variam de eventos formais até reuniões informais dos grupos de trabalho. Abaixo, são dadas algumas sugestões para incorporar celebrações no ambiente de trabalho:

- Aproveitar o momento do planejamento estratégico para promover celebrações que sejam na verdade o próprio planejamento. O ato de juntar pessoas de diferentes unidades da organização para planejarem coletivamente promove a colaboração, aumenta o senso de contribuição de cada um e cria união.
- Educar e expandir o conhecimento sobre a organização. Usar as celebrações para continuamente educar as pessoas com relação ao seu passado, presente e aspirações futuras. Em vez das palestras magistrais tradicionais, pode-se adotar uma abordagem de pequenas reuniões em grupo em que são relatadas experiências pessoais de vida dentro da organização, desafios vencidos e perspectivas.
- Convidar figuras-chaves da liderança de diferentes setores para compartilhar seu aprendizado e como fazem diferença no ambiente de trabalho. Escutar as lideranças de todos os níveis inspira as pessoas, que passam a ter modelos aos quais seguirem.
- Há muitas formas de celebrar além dos eventos anuais tradicionais. É preciso ser criativo e expandir o pensamento quando se avalia a maneira de celebrar.
- Aproveitar para maximizar os feitos alcançados. Exagerar no destaque dos resultados positivos e acontecimentos importantes para a história da organização. Aproveitar todos os momentos que surgem e não ficar esperando pelos grandes feitos para comemorar. Procurar formas triviais e corriqueiras para criar um senso de compartilhamento e propósito ao mesmo tempo que as pessoas se reconectam com a missão da organização.
- Resgatar a memória da organização; rever a história e o começo dela. Há um velho dito popular que diz: "Se você não sabe de onde veio, andar para

---

2 O conflito é inerente ao relacionamento entre as pessoas. Ver Capítulo 7, sobre negociação.

trás pode parecer progresso". Relembrar as contribuições daqueles que vieram antes. Criar uma história da organização que todos possam ver; isso fará renascer propósitos e revigorará as pessoas que nela trabalham.

- Considerar e reconhecer as realizações de quem quer que seja. Permitir que os outros saibam o quanto são apreciados. Dizer-lhes o quanto são importantes para a organização e por que, e, principalmente, ser autêntico ao fazer isso.
- Celebrações são importantes para educar as pessoas para a mudança e para a construção do apoio para ela. Aproveitar as celebrações para falar sobre as mudanças antes que elas aconteçam; ser proativo em vez de esperar para ter todos os aspectos da mudança sob controle.
- As celebrações alimentam o espírito, geram entusiasmo e expandem o conhecimento da organização, criando canais de comunicação. Envolvem as pessoas por seu poder intrínseco de conectá-las umas às outras e a uma causa, gerando um sentido de comunidade. O retorno desse investimento psíquico pode ser apreciável e, portanto, faz muito sentido do ponto de vista organizacional.

É com trabalho árduo que se conseguem grandes resultados. Para manter o pique e a determinação do grupo, a liderança deve reconhecer as contribuições que as pessoas fazem para a organização. Os membros de um time vencedor devem compartilhar seus sucessos; cabe às lideranças promover as celebrações das conquistas. Os líderes são como os chefes de torcida: fazem com que todos tomem parte nas comemorações e se apropriem das vitórias. E as celebrações não precisam necessariamente ser lideradas pelos principais executivos da organização ou do setor em que a celebração ocorre; este é um bom momento para lideranças espontâneas emergirem. Na prática, contudo, é bom balancear celebrações individuais (aniversários), funcionais (setores da organização) ou organizacionais. Não se deve esquecer que o ambiente de trabalho deve ser alegre, mas focado nos resultados. Encorajamento envolve não só o reconhecimento individual, como também o reconhecimento dos esforços de todo o grupo.

Algumas práticas recomendadas são:

- Destacar e reforçar os valores da organização: isso permitirá que os outros também saibam o que ela valoriza. Além disso, mostra consistência entre o que a liderança prega e o que celebra. A celebração deve ser uma manifestação honesta de comprometimento com alguns valores-chave e com a dificuldade que as pessoas têm para se manter atreladas a esses princípios.

- Celebrar publicamente: a celebração pública torna as ações mais visíveis e ajuda a unir os grupos, formando equipes produtivas.
- Programar celebrações regulares: algumas celebrações devem ser espontâneas, no entanto a liderança também deve garantir que algumas celebrações aconteçam com regularidade em algumas épocas do ano. As nações fazem isso para lembrar as pessoas de suas lutas comuns, sacrifícios partilhados, legados e contínuas responsabilidades de uns para com os outros. No mínimo, as organizações deveriam ter pelo menos uma comemoração geral a cada ano.
- Juntar-se à celebração: aproveitar o momento para se conectar com seu grupo, criando um sentimento de camaradagem ("estão todos no mesmo barco"), assim como para compartilhar de maneira mais profunda a visão, os valores e as experiências.[3] O líder não deve necessariamente liderar a celebração, porém deve participar dela. Todavia, não precisa tentar demonstrar afeições que não sente apenas para parecer popular e benquisto pela equipe, mimetizando o grupo e parecendo ridículo ao fazer coisas que não são de seu costume.
- Divertir-se: poucas pessoas aguentarão a intensidade da pressão no dia a dia de trabalho requerido para o melhor desempenho, sem alguma quebra de rotina para espairecer. Pesquisas têm encontrado significativa relação entre diversão e produtividade. Logo, é importante amenizar o ritmo e relaxar de vez em quando.
- Criar redes de apoio social: relacionamentos que atuem como apoios sociais são extremamente importantes para a manutenção da vitalidade pessoal e organizacional. Por meio de celebrações que reconheçam objetivos alcançados, os líderes ajudam a criar essas redes de relacionamento. Na medida em que os membros da organização interagem não apenas no nível profissional, seus relacionamentos são fortalecidos e crescem porque as pessoas se tornam mais preocupadas umas com as outras. Além disso, sem as celebrações em grupo, é fácil para os indivíduos acreditar que a organização gira em torno do trabalho individual. Logo, as celebrações

3 Não querer impor o espírito de "uma grande família"; organizações não são grandes famílias. A lógica da coesão familiar é diferente da lógica da coesão organizacional.

reforçam a verdade de que somos todos dependentes e responsáveis uns pelos outros; e esse é um conteúdo bastante espiritual.

- Mostrar paixão: de todas as coisas, talvez as que mais sustentam a liderança ao longo do tempo em uma organização sejam a paixão pelo que se faz e o amor e solidariedade para com quem faz. Já se disse que "sem tesão, não há solução". Por meio de celebrações, o líder pode comunicar-se de maneira que fiquem claras a sua paixão pelo que faz e a consideração pelas pessoas que trabalham com ele.

Os antropólogos e os sociólogos falam em ritos de passagem. É importante marcar essas passagens porque os agentes têm a oportunidade de refletir sobre os fatos, "recarregar as baterias" físicas e emocionais, aliviar as tensões causadas pelos acontecimentos e aprender com possíveis erros. A expressão foi popularizada pelo antropólogo Arnold van Gennep no início do século XX. Também Mary Douglas e Victor Turner, na década de 1960, contribuíram com a teoria dos ritos de passagem. Eles podem ser realizados de diversas formas, dependendo da situação; desde rituais místicos ou religiosos até assinatura de papéis. Em sociedades primitivas, certos momentos na vida de seus membros eram marcados por cerimônias, conhecidas como "ritos de iniciação ou de passagem". Essas cerimônias, mais do que uma transição, representavam para o indivíduo a sua aceitação e participação no grupo social no qual estava inserido. Tinham, portanto, um cunho individual e coletivo.

Enfim, os propósitos das celebrações podem ser variados. Podem incluir a concordância com obrigações religiosas ou ideais, a satisfação de necessidades espirituais ou emocionais dos praticantes, o fortalecimento de laços sociais, a demonstração de respeito, o estabelecimento de afiliações, a obtenção de aceitação social ou a aprovação para certo evento, mas podem oferecer tão somente o prazer do ritual em si.

As celebrações são características de quase todas as sociedades humanas conhecidas, passadas ou atuais. Várias atividades executadas para realizar algum propósito, como simpósios científicos, são carregadas com ações simbólicas prescritas por regulamentos ou tradição – são, portanto, parcialmente celebrações ritualísticas. Várias ações do dia a dia, tão banais como um aperto de mão, podem ser entendidas como pequenos rituais. O ritual esboça comportamentos de troca que ganham valor comunicativo e, dentro de uma perspectiva etológica,[4] evoluem

4 Etologia é o estudo do comportamento do animal no seu *habitat*; os comportamentos herdados são muito importantes e são o resultado da evolução da espécie ao longo de vários milhares de anos.

de comportamentos sem nenhuma função comunicativa, que passam a ser estereotipados, facilitando a comunicação. Dessa forma, a corte, as competições pelas fêmeas, os movimentos de bandos de animais, os movimentos exagerados, e tantos outros que o leitor possa intuir aumentam a capacidade de atrair a atenção, ganhando conformação ritualística. Na medida em que a espécie humana dominou a linguagem e a desenvolveu com seus valores culturais e religiosos, os rituais passaram a simbolizar ideologias e ensinamentos, tornando-se mais complexos.[5]

---

5 HERSKOVITS, M. *The man and his works:* the science of cultural anthropology. New York: Alfred A. Knopf, 1948. MAIER, R. *Comportamento animal*: un enfoque evolutivo y ecológico. McGrawHill: Madrid, 2007.

15

SÍMBOLOS, MITOS, RITOS E IDOLATRIA

A simbolização é um processo que parece irresistível no midiático mundo moderno. O aumento do papel dos meios de comunicação repercute o repertório simbólico dos grupos na sociedade moderna. Nas organizações de simbolismo intensivo (OSIs), líderes e liderados fazem grande uso da retórica e das metáforas, por meio das quais procuram manipular a fluidez dos símbolos e modificar a textura organizacional. Essas organizações em muito se assemelham a teatros nos quais peças são representadas diuturnamente. E nesse contexto os agentes transformam-se em observadores que se reconhecem pelos reflexos como se fossem de uma câmera cinematográfica.

As organizações são cenários em que o passado e a realidade são incessantemente reinterpretados. Isso significa que pseudoeventos, pseudoações e pseudoestruturas produzem efeitos nas pessoas e nas suas definições de realidade, tornando-se importantes características da administração moderna. Nesses cenários, os mitos realizam-se de forma contundente. É preciso que os observadores consigam identificá-los e avaliar sua extensão, ou seja, o bem ou o mal que podem ser causados por eles nas organizações. São cenários em que a criação social da realidade é continuamente revisitada.

Um **mito** é um relato explicativo e/ou simbólico, relacionado com uma cultura e/ou religião. O termo é, por vezes, utilizado para menosprezar crenças comuns (consideradas sem fundamento objetivo e vistas como histórias fantásticas) de diversas culturas. Na maioria das vezes, refere-se especificamente aos relatos das civilizações antigas que, organizados, constituem uma mitologia própria – por exemplo, a grega ou a romana. Todas as culturas têm seus mitos, alguns dos quais são expressões particulares de arquétipos comuns a toda a humanidade.

Pode-se dizer, portanto, que o mito é a "primeira fala sobre o mundo", a primeira atribuição de sentido a ele. Os mitos, em que a afetividade e a imaginação exercem grande papel, têm como função principal não explicar a realidade, mas acomodar o homem ao mundo. Histórias que apresentam fatos naturais, históricos ou filosóficos, funcionam como ponto de equilíbrio entre o sagrado e o profano. Não são o mesmo que fábula, conto de fadas, lenda ou saga. Lendas – histórias fantásticas que têm origem histórica e que narram feitos de heróis, personagens, fenômenos naturais etc. – sempre apresentam um fundo de verdade. Existem lendas sobre a liderança e líderes, os quais, para a autopromoção, manipulam sutilmente a realidade dos fatos. Aquilo que os seres humanos têm em comum se revela nos mitos. Eles são histórias de vida, de procura pela verdade, da busca do sentido de estar vivo. São pistas para as potencialidades espirituais da vida humana, daquilo que se é capaz de conhecer e experimentar interiormente. São, em suma, os relatos da "experiência de vida".[1]

Experiências de vida ligadas à figura parental são sempre muito fortes. A figura arquetípica do pai ou da mãe traz segurança à criança; a mão de um dos pais é tudo de que uma criança necessita para se sentir segura na infância. À medida que a pessoa cresce e se afasta dessa mão por contingências da vida, ela busca outras formas para compensar as inseguranças naturais que afligem todos os seres humanos.

O mito fixa modelos exemplares de todas as funções e atividades humanas, acomodando e tranquilizando o indivíduo que se vê diante de um mundo assustador; e, por meio de suas ações mágicas, transmite-lhe a confiança de que o que acontece no mundo natural depende, em parte, de atos sobre-humanos. Com muita frequência, essa compensação vem na figura de heróis ou ídolos (pai, mãe), aos quais as pessoas se apegam em determinadas fases da vida para compensar seus temores.

Leonardo Trevisan, em crítica ao livro de José de Souza Martins, *A aparição do demônio na fábrica*, fala sobre as diferentes engrenagens do medo e diz que ele "é componente essencial das engrenagens da vida; por meio dele, faz tempo, definem-se quem manda e quem obedece".[2] Quanto mais desenvolvida emocionalmente for uma pessoa, menor a dependência de um ídolo. Contudo, é muito difícil separar-se dessas figuras e sempre permanece um resquício que busca a segurança em um herói ou ídolo; sobre esse substrato, o líder-herói faz sua parte para satisfazer tais necessidades. Disso se aproveitam os líderes-heróis tradicionais que, conhecedores dessa dependência, sutilmente se insinuam como portos seguros aos quais todos serão conduzidos – desde que sigam seus ditames. É até perversa a forma como esses líderes tentam manipular as pessoas, estimulando nelas um verdadeiro culto à personalidade – a exaltação do dirigente. A perversidade está em que esse culto nem sempre é declarado e às vezes está envolto no manto da falsa modéstia. São os verdadeiros "lobos em pele de cordeiro".[3]

1 WIKIPEDIA. *Mito*. Disponível em:< https://pt.wikipedia.org/wiki/Mito>. Acesso em: 9 maio 2017.
2 *O Estado de S. Paulo*, p. D10, 20 abr. 2008.
3 WIKIPEDIA. *Mito*. Disponível em:< https://pt.wikipedia.org/wiki/Mito>. Acesso em: 9 maio 2017.

Com o desenvolvimento da comunicação de massa, bem como das técnicas de publicidade, os líderes-heróis puderam projetar uma imagem positiva de si nesse culto à personalidade. Embora essa expressão se aplique mais a líderes políticos de nações (geralmente ditadores), ela também pode ter sua versão organizacional: líderes-heróis promovendo sutil ou descaradamente sua imagem a ser cultuada na tentativa de fortalecer sua posição e satisfazer seu ego. Às vezes até parece ser uma busca do sagrado. Seres humanos são idolatrados como se fossem ritualmente colocados em pedestais e reverenciados como entidades mediúnicas. Suas ordens são cumpridas cega e até alegremente, numa reprodução mimética de suas palavras. Em muitas oportunidades, o confronto dá-se com aquilo a que Carlos Serra chama de o incessante culto "sacro-chefal".[4] Esse culto é produto dos mecanismos ideológicos (entre os quais está compreendida a produção do medo social) postos em ação tanto pela burocracia como pelas necessidades e interesses dos grupos que a ele se submetem. Em tese, quanto mais fraca a capacidade crítica de um grupo, mais forte e indiscutível é esse culto. Essa tendência fica muito clara ao se constatar a força do tele-evangelismo, que promove um culto de personalidades dentro do evangelismo do poder. Isso parece ser verdade não apenas nos ministérios de mídia, como também nas apresentações que celebridades fazem regularmente em eventos e megaigrejas. O que as Escrituras ensinam não parece ser o que realmente importa, mas o que alguém tem a testemunhar sobre suas experiências e ideias. Para alguns desses pregadores, o que vale não é o que dizem as Escrituras, e sim o que ele diz que Elas afirmam. Essa prática ressalta o culto à personalidade, valorizando pessoas com capacidade para atuar como líderes carismáticos. Políticos, artistas, desportistas, cantores, pregadores e outros têm desenvolvido um elaborado e determinado marketing pessoal para elevá-los acima do povo que os sustenta.[5]

Pesquisa feita na Universidade de Surrey, no Reino Unido, mostrou que detentores de poder podem apresentar distorções de personalidade; as pesquisadoras procuraram demonstrar que existem psicopatas de sucesso. Esses seriam emocionalmente isolados, pouco tolerantes e com ilimitada capacidade para tentar utilizar os outros. A diferença entre os psicopatas aceitos como tal e os de sucesso seria que estes aceitam as leis e são menos impulsivos.

4 SERRA, C. *Diário de um sociólogo*. Maputo: [s.n.], 2011. Disponível em: <http://oficinadesociologia.blogspot.com.br>. Acesso em: abr. 2018.

5 COSTA, N. J. Culto à personalidade. Disponível em: <http://www.gospel10.com/artigos/artigo--culto-a-personalidade--46>. Acesso em: abr. 2018.

Belinda Board e Katarina Fritzon decidiram testar quanto um chefe e um criminoso teriam em comum e descobriram que, das 11 possíveis distorções de personalidade num psicopata, três eram comuns aos dois grupos estudados. A primeira era a distorção de personalidade histriônica, que engloba a intolerância, a falta de sinceridade, o egocentrismo e a manipulação. A segunda, a incidência de narcisismo; e a terceira, a compulsão, que inclui perfeccionismo, devoção excessiva ao trabalho, rigidez, teimosia e tendências ditatoriais. É fácil identificar nessas características possíveis contribuições para uma organização, como de fato ocorre. Por outro lado, as autoras ponderam que, diferentemente dos psicopatas criminosos, os chefes de organizações não criminosas apresentam menos distúrbios capazes de encerrar suas carreiras, como tendências excessivamente agressivas ou suicidas, irresponsabilidade e instabilidade emocional acentuada.[6]

Robert Hare, da Universidade de British Columbia, no Canadá, diz que 1% da população mundial é formada por psicopatas que estão nas ruas e também nos escritórios. Estes talvez não sejam do tipo violento: são charmosos e sádicos; carismáticos, mas sem conteúdo; impulsivos e sem remorsos; sofisticados e manipuladores; inteligentes, mas incapazes de conviver em harmonia; predadores sociais sem escrúpulos, que buscam poder para atender ao seu insaciável desejo de escalada hierárquica.

Brett Easton Ellis[7] fala do psicopata corporativo que, graduado em universidades de elite, tem bom domínio de procedimentos e rituais internos da organização para garantir sua ascensão; seu comportamento, por mais bizarro que possa parecer, é percebido como excentricidade, desde que suas contribuições aos resultados do negócio compensem todos os inconvenientes de seu comportamento. Frequentemente, os psicopatas corporativos se fazem passar por gênios e causam prejuízos imensos às organizações, embora nem sempre percebidos, porque todos estão dispostos a desculpá-los e não querem admitir falhas de julgamento. É importante entender as gradações possíveis nesses comportamentos e na soma deles em uma mesma pessoa, antes de atribuir a quem quer que seja a pecha de psicopata organizacional, às tais "lideranças tóxicas" mencionadas anteriormente.

Essas pesquisas foram citadas apenas para mencionar os limites a que a compreensão do poder da liderança pode chegar. Não se está insinuando aqui que líderes são ou devam ser assim. Apenas se quis chamar a atenção para algumas características da liderança negativa, que pode ser encontrada em muitas

6 BOARD, B.; FRITZON, K. Disordered personalities at work. *Psychology, crime and law*, 11, 17-32, 2005.

7 ELLIS, B. E. *Psicopata americano*. Rio de Janeiro: Rocco, 1991.

organizações, sem ser, obviamente, a regra. O folclore dessas situações serve para marcar uma posição e chamar a atenção para características do poder exercido por alguns líderes de maneira até caricata.

Conta-se a história de uma moça que tinha verdadeira adoração pelo presidente da empresa em que trabalhava; ela adorava sua imagem e atribuía a ele todos os grandes sucessos, mesmo sem conhecê-lo pessoalmente. Tudo o que ela conhecia dele era por meio da imprensa ou dos veículos de comunicação interna da organização. Como se tratava de uma grande empresa, o contato pessoal entre o presidente e os funcionários não era frequente. Surgiu, por fim, a oportunidade que ela sempre esperou, ao ser convidada a participar de uma festa de fim de ano na qual o presidente estaria presente. Ela se preparou para a festa como se fosse ao encontro do seu "príncipe encantado" (é óbvio que também existe algo de muito pessoal nesse tipo de adoração). E o presidente esteve presente na festa e na vida da moça de modo muito marcante: embebedou-se e se apresentou como o verdadeiro palhaço, que, talvez, sempre tivesse sido. Comportou-se de maneira vil e baixa, usando palavreado de baixo calão e contando piadas chulas, além de fazer avanços de conotação sexual sobre algumas das mulheres presentes, inclusive sobre a jovem que o adorava. De tal forma descompôs sua imagem que esta não suportou o baque e, dias depois, pediu demissão por sentir-se completamente defraudada nas suas ilusões. Ela não conseguiu aguentar o peso da desilusão com seu ídolo, que, ela agora percebia, era apenas de barro e sujo. Esta história exemplifica bem a importância de as referências serem conceituais.

Conceitos são mais duradouros e estão acima das variações comezinhas do dia a dia. Permanecem mesmo quando as pessoas não estão presentes. Pessoas não estão presentes na organização 24 horas por dia, sete dias da semana. Pessoas saem de férias, ficam doentes e, eventualmente, podem morrer de maneira inesperada, deixando a organização órfã se ela não tiver algo mais sólido em que se referenciar.

Heróis são figuras arquetípicas que reúnem em si os atributos necessários para superar de forma excepcional um determinado problema tão prosaico como a segurança do indivíduo; eles também podem, por outro lado, adquirir dimensões épicas. O termo **herói** designa originalmente o protagonista de uma obra narrativa ou dramática. Para os gregos, o herói situa-se na posição intermédia entre os deuses e os homens – em geral, é filho de um deus e uma mortal, ou vice-versa. Portanto, tem dimensão semidivina. Variando conforme as épocas, os gêneros e as correntes estético-literárias, o herói é marcado por uma projeção ambígua: por um lado, representa a condição humana, na sua complexidade; por outro, transcende essa mesma condição, na medida em que representa facetas e virtudes que o homem não consegue, mas gostaria de atingir – fé, coragem, força de vontade, determinação, paciência etc. No limite, o heroísmo pode levar ao autossacrifício e configurar-se como martírio.[8]

O herói é guiado por ideais nobres e altruístas – liberdade, fraternidade, sacrifício, coragem, justiça, moral, paz. Eventualmente poderá buscar objetivos considerados egoístas ou narcisistas. No entanto, suas motivações serão sempre moralmente justas ou eticamente aprováveis, mesmo que ilícitas. Aqui é preciso observar que o heroísmo se caracteriza sobretudo por ser um ato moral. O indivíduo que seja um exemplo de superação, que demonstre virtudes típicas do herói, que seja vitorioso e que cause admiração poderá ser um ídolo, mas não necessariamente um herói. Observe-se, porém, que o herói pode ser um ídolo.

Por meio de histórias em quadrinhos, do cinema e de outros meios de comunicação, a cultura de massa popularizou a figura do "super-herói" – seres dotados de atributos físicos extraordinários, como corpo à prova de balas, capacidade de voar etc. Entre tantos mitos cultivados nas organizações, um se destaca: de que líderes têm importância nos resultados alcançados. Parte da liderança consiste em perpetuar o mito de que os líderes têm controle sobre os resultados. Já se disse que "liderar é vender ideias", e o teatro ajuda nesse mister; portanto não seria exagero dizer que líderes possuem muitas competências cênicas para refletir o fascínio das pessoas pelas artes, assim como pela liderança. Em suma: líderes são grandes atores! Como os atores, eles, às vezes, também caminham num espectro entre fantasia e realidade, com todos os componentes esquizofrênicos que isso contêm. De fato, em geral, não fica muito clara a separação entre o mito e a realidade da liderança; entre a fantasia e o concreto; entre o "que é" e o que "parece ser".

Pela análise que se fez da idolatria neste capítulo, deve ficar claro para o leitor mais arguto o importante papel que o simbolismo desempenha no dia a dia das organizações e como líderes tradicionais utilizam mitos para fortalecer suas posições. As organizações do século XXI não aceitam mais conviver com a tentativa de criar socialmente uma realidade inexistente, a não ser no imaginário coletivo. Como foi dito acima, o simbolismo parece irresistível nas organizações modernas, mas elas não conseguirão sucesso baseando-se em fantasias, as quais, em algum momento, acabam se esboroando.

---

8 WIKIPEDIA. *Mito*. Disponível em: <http://pt.wikipedia.org/wiki/Mito>. Acesso em: 09 maio 2007.

16

PODER INFORMAL

No ambiente organizacional, coexistem dois tipos de poder: o *formal* e o *informal*. Os dois devem conviver, tanto quanto possível, harmonicamente. O primeiro, facilmente reconhecível, é estabelecido pela hierarquia formal, como o próprio nome indica, trazendo embutida a autoridade do cargo;[1] o segundo, por sua vez, é mais difícil de ser definido. Ele pode se desenvolver naturalmente e por qualquer pessoa. Está relacionado com a competência, o tempo de casa, a capacidade de se relacionar com as pessoas, o conhecimento da cultura organizacional e o acesso à informação; ele depende, portanto, das relações estabelecidas dentro da organização; caracteriza-se por ser uma rede informal de contatos, influência e compartilhamento.

As estruturas informais de poder atuam por fora do organograma oficial, aumentando a produtividade e estimulando a dinâmica da cultura organizacional ou atravancando o desenrolar saudável das operações. Essas estruturas têm conceitos e processos próprios, conduzidos por pessoas que ocupam certas posições na organização, as quais, às vezes, detêm muito mais poder do que aquele definido pelo organograma. É assim que as coisas são na realidade; não adianta impor o fluxo de pessoas andando numa calçada sobre a qual elas não querem andar. Quem quiser fazer o fluxo ideal deve observar os passantes e então construir a calçada de acordo com o padrão de conduta que emergir naturalmente.

A cultura do poder é diferente em cada estrutura organizacional. Na estrutura funcional, o poder formal, de posição, exerce forte influência na organização. Por outro lado, as estruturas matriciais valorizam o poder informal e de competência gerencial. Grupos de força-tarefa de maior porte também tendem a valorizar o poder da competência – portanto, informal. É preciso entender a organização e a sua cultura de poder para tornar possível uma atuação coerente. Quando o executivo tem consciência, principalmente do poder informal e de como gerenciá-lo, aumentam as probabilidades de sucesso na organização.

---

1 Ver Capítulo 2.

A famosa "rádio-peão"[2] (hoje muito difundida pelas redes sociais) é uma das mais formidáveis manifestações do poder informal dentro das organizações. O grande desafio no que diz respeito à comunicação interna da liderança é fazer com que o fluxo de informações formal supere em rapidez e credibilidade as notícias da "rádio-peão". O rumor atende a uma condição natural do ser humano de querer saber o que está acontecendo e procurar meios para obter segurança diante das incertezas geradas por ele. Os "grupinhos" servem de apoio para dividir alegrias, sentimentos, angústias, frustrações, raivas, juntando todo um componente sentimental que é codificado e decodificado por esse tecido social de suporte. Assim se explica a importância da comunicação como uma ferramenta de gestão, para vencer inseguranças e incompreensões.[3]

A "rádio-peão" não deve ser temida nem abafada, uma vez que qualquer tentativa neste sentido seria inútil. Mesmo porque todos participam dela em maior ou menor grau, dependendo da personalidade do indivíduo e de sua posição na hierarquia. Até membros da alta cúpula da organização participam voluntária ou involuntariamente na medida em que as "novidades" podem ser de interesse de todos. Nem sempre a "rádio-peão" é fruto de maldade ou más intenções; ela simplesmente existe e o esforço deverá se fazer no sentido de democratizar tanto quanto possível as informações e ampliar ao máximo a credibilidade da liderança, para que as notícias nela veiculadas suscitem pelo menos algum grau de dúvida na busca pela versão mais próxima da "verdadeira". É preciso lembrar que, geralmente, a "rádio-peão" não "entra no ar" por obra do acaso, mas sim quando acontece algo que justifique a mobilização das pessoas. Frequentemente, está associada a disfunções e poucas vezes com as virtudes da organização; daí o medo dela. Mas será que é preciso temê-la? Apontar disfunções, por mais que seja desagradável, não seria também desejável na medida em que permitiria corrigi-las?[4]

Para tentar coibir a comunicação interna maléfica, podem-se propor regras de comportamento para todos os membros da organização. Por exemplo, pode-se pedir que, se alguém ouvir algo contado por uma pessoa específica, o receptor da mensagem se pergunte se pode fazer alguma coisa para resolver a situação apresentada ou para ajudar a resolver o problema constatado. No caso de uma

---

2 Expressão utilizada em algumas partes do Brasil para definir a comunicação informal que acontece dentro das organizações, transmitindo as notícias verdadeiras e também, principalmente, rumores e boatos. Outras expressões para essa comunicação podem ser "telefone sem fio", "rádio-corredor" etc.

3 Ver Capítulo 5.

4 BUENO, W. C. *Comunicação empresarial*: políticas e estratégias. São Paulo: Saraiva, 2009.

resposta negativa, a pessoa poderia explicar ao seu interlocutor que não está em sua alçada resolver aquilo e que, portanto, ela vai seguir adiante com seus afazeres, deixando de lado qualquer iniciativa em continuar debatendo o assunto. Dessa forma, evitar-se-ia a progressão de boatos ou rumores, impedindo-os de ganhar proporções desastrosas e incontroláveis.

Nos recônditos de cada organização (ou de suas unidades), há sempre uma ou mais pessoas identificadas por todos como aquelas que fazem as coisas acontecerem. Essas pessoas sabem a melhor maneira de fazer as coisas e sabem por que isso é "dessa ou daquela forma". Um recém-contratado aprenderá mais depressa sobre a estrutura informal de poder e como fazer as coisas acontecerem na organização se logo estabelecer contato com tais pessoas. Porém, também é importante que a organização tenha clareza sobre esses processos e saiba como absorver e compartilhar o poder e o conhecimento nele contido, nem sempre facilmente acessíveis ou visíveis.

A melhor forma de tirar proveito desse poder é admitir sua existência, reconhecê-lo e, a partir daí, disseminar seus métodos e realizações ("de acordo com o padrão de conduta que emergir naturalmente") de maneira clara e transparente para todas as pessoas da organização. A intranet pode, por exemplo, facilmente divulgar respostas para "as dúvidas mais frequentes", da mesma forma como tais pessoas fariam. Identifica-se um padrão de conduta e procura-se segui-lo. Eventualmente, a governança pode participar das redes sociais montadas dentro da organização ou por seus membros.

Organizações marcadas por modelos que concentram poder demais nas mãos de executivos, e pouco nas de líderes naturais, pagam ou pagaram preços altos por não terem tido energia e visão para definir um novo rumo. Não há razão para as organizações do século XXI seguirem esse roteiro. Hoje os líderes naturais têm meios para contestar esse modelo de gestão baseado em premissas que já não têm nenhum valor na nova economia. Graças ao alcance da Web, um líder não herói, porém capaz de mobilizar seguidores em uma organização global, não apenas por escrever um blog influente, mas por usar sua eficácia para construir uma coalizão on-line de indivíduos cujos objetivos pessoais se alinham e se conectam, pode obter o melhor da diversidade e da inteligência coletiva, presente em qualquer organização. As pessoas definem-se pelas causas a que servem; é a paixão em solucionar problemas extraordinários que cria o potencial de realizações extraordinárias. E ele pode emergir a partir de uma liderança informal.[5]

5 HAMEL, G.; BREEN, B. *O futuro da administração*. São Paulo: Elsevier, 2007.

O poder informal desenvolve-se em algumas pessoas a partir do efeito cumulativo de suas manifestações de carinho e genuíno interesse pelos outros. Essas pessoas fazem a diferença, mesmo não sendo necessariamente líderes. Por estranho que pareça, os chamados líderes servidores adquirem poder ao abrir mão dele, por meio de práticas que podem incluir:

- cooperar, fazer favores e ajudar aos outros sempre que possível;
- acostumar-se a cumprimentar as pessoas quando elas fizerem algo importante ou que elas assim o julguem;
- ampliar seus contatos sempre que possível (*networking*);
- impor-se à ocasião, fazendo as tarefas que ninguém quer, mas que precisam ser feitas;
- quando tiver que assumir uma posição negativa, manter-se objetivo e orientado para o tema, e não para subjetividades inconclusivas;
- tomar a dianteira quando julgar que a situação o exija, mas se mantendo atento às reações do grupo para não melindrá-lo;
- estar presente mesmo nos momentos mais difíceis;
- ser aberto e amigável;
- trabalhar como parte da equipe.

É preciso enfatizar a força que os poderes informais exerceram nos levantes verificados nos países árabes, na chamada primavera árabe, onde nem sempre ficaram claras as lideranças dos movimentos que puseram fim ou ameaçaram algumas ditaduras de longa duração. Esses poderes informais utilizaram a força das redes sociais informatizadas para espalhar suas convocações, orientações e diretrizes; com isso, galvanizaram as forças vivas das nações e, mesmo sem estruturas formais de poder e liderança, conseguiram contribuir para promover mudanças históricas importantes.

As lideranças informais podem igualmente ser um problema para as organizações quando, em vez de ajudá-las, tentam prejudicá-las, às vezes mesmo sem intenção, porque, como diz o dito popular: "quem conta um conto sempre aumenta um ponto". Quando a liderança informal trabalha contra a formal, aproveitando-se de sua influência, pode minar a satisfação das pessoas no seu relacionamento com a organização.[6] Há também outras manifestações do poder informal que não serão aqui abordadas por serem práticas não

6 SEBRAE. Disponível em: <http://www.sebrae.com.br>. Acesso em: 23 mar. 2011.

condizentes com organizações saudáveis. Está se falando das deletérias competições por posições e cargos conduzidas de maneira antiética e predatória por oportunistas, interesseiros, arrivistas, "alpinistas organizacionais", aproveitadores de toda sorte que estão sempre tentando se autopromover e que usam mecanismos informais para seus desígnios ignóbeis. Trata-se dos disseminadores de rumores, destruidores de caráter e manipuladores de toda sorte, que se aproveitam de tudo para semear cizânia, discórdia e dissenso, sempre com vistas ao proveito próprio e à escalada não meritória na hierarquia organizacional. Interessados em se promover de qualquer jeito, mesmo que seja à custa dos outros, geralmente não têm limites para suas pilantragens, desfaçatez e "cara de pau". Não é deles que se fala neste livro.

PARTE III

ANÁLISE CRÍTICA DO DESEMPENHO GLOBAL

Cabe à alta cúpula a responsabilidade de analisar criticamente o desempenho global da organização, considerando as necessidades de todas as partes interessadas, para avaliar o progresso em relação às estratégias e aos planos de ação, apoiar a tomada de decisão e permitir a correção de rumos. A análise é importante para que a organização saiba se sua missão está sendo alcançada e se as estratégias definidas por sua visão de futuro estão se materializando.[1] É fundamental que a cúpula proceda a uma análise crítica, porque é dela essa obrigação e porque, se ela não o fizer, possivelmente ninguém mais o fará, e a organização terá dificuldades para desenvolver suas estratégias. Pior, se a cúpula, como o nível estratégico da organização, não estiver procedendo assim, então o que estará fazendo? Pode acontecer de ela estar muito envolvida nas ações operacionais, o que não é salutar, dependendo do porte – vale destacar que o nível estratégico é responsável por conduzir a estratégia da organização, assim como cabe ao nível operacional conduzir a operação. Quando essas funções se embaralham, a confusão está estabelecida, e a organização sofre.

A avaliação de desempenho organizacional faz parte da gestão das organizações, que precisam de um sistema de avaliação de desempenho capaz de constatar se os objetivos estratégicos são passíveis de ser atingidos, mediante a verificação da *performance* de seus processos e a consecução de suas metas. Os sistemas de informação podem ser classificados de acordo com a informação a ser processada. Sua classificação geralmente é feita de acordo com a pirâmide empresarial, que apresenta três níveis:

1. Sistema de Informação Operacional

   Para operações rotineiras; grande volume de dados de operações de entrada e saída. Por exemplo: cadastros, conferência e modificações de dados, listagens, consultas. Os indicadores deste nível medem a eficiência e estão

1 Fundação Nacional da Qualidade (FNQ), 2005.

relacionados com a produtividade da organização: fazer mais com o mínimo de recursos.

2. Sistema de Informação Gerencial ou Tático

Para operações de apoio na tomada de decisões; tem função gerencial e usa informações agrupadas. Por exemplo: quantidade de produtos vendidos, volume de vendas, relatórios analíticos e sintéticos. Os indicadores deste nível medem a eficácia da organização, isto é, se o nível tático está fazendo as coisas bem-feitas.

3. Sistema de Informação Estratégica

Para operações estratégicas; apoia a cúpula, filtrando as informações fundamentais e estratégicas. Por exemplo: projeção de vendas; fluxo de caixa; lucro; comparativos do desempenho da empresa, de segmentos ou de produtos. Os indicadores deste nível medem a efetividade da organização, ou seja, se ela está fazendo a coisa certa – se a missão, a visão e os valores estão sendo realizados e alcançados.

Centenas de dados podem ser gerados no nível operacional, bem como dezenas de indicadores nos três níveis da organização. Porém, é importante lembrar que o nível estratégico não dispõe de tempo nem, necessariamente, do conhecimento requerido para analisá-los todos. Por isso, é preciso que o sistema de informações defina um elenco de indicadores filtrados a partir da base da pirâmide, os quais deverão chegar à apreciação do nível estratégico; esse elenco, em geral, varia entre 20 e 50 indicadores, dependendo do porte e de outras características da organização. É preciso entender que um sistema pode estar relacionado com mais de um dos níveis acima, como no caso de um grande sistema bancário.

Também é importante entender os conceitos de eficiência, eficácia e efetividade usados acima. Para tanto, é interessante lançar mão de uma analogia com uma equipe de futebol, que será eficaz na medida em que dominar bem a técnica do jogo, de maneira que os jogadores detenham a posse de bola por mais tempo que o adversário, executem bem os fundamentos do esporte, fazendo passes precisos e driblando bem os adversários. Para serem efetivos, contudo, os jogadores deverão fazer mais gols do que o adversário para ganhar o jogo, fazendo, portanto, a coisa certa. Os jogadores serão tanto mais eficientes quanto mais baratos forem os gols por eles marcados e as vitórias conquistadas, comprovando boa produtividade em relação aos recursos utilizados.

Nesta parte, serão abordados alguns métodos que permitem efetuar a avaliação global de desempenho (AGD). Entre eles podem-se citar o *Balanced scorecard*[2] (BSC) e o modelo proposto pela metodologia da Fundação Nacional de Qualidade (FNQ); citam-se também o modelo *Quantum*, o modelo do capital intelectual, o modelo Hoshin Kanri e o método de análise multicritério *Analitycal Hierarchical Process* (AHP), como opções possíveis para fazer a AGD.[3]

Será colocada mais ênfase na análise de comparações e correlações de indicadores como proposto pela FNQ e no BSC. As comparações se fazem com séries históricas do próprio serviço, com empresas similares e ou concorrentes, com dados de publicações especializadas, com as melhores práticas do mercado, com referenciais de excelência ou, na falta destes, com as próprias metas definidas pelo planejamento estratégico ou com valores da série histórica da organização.

Como já mencionado, a análise de desempenho deve ser realizada nos diversos níveis organizacionais, embora aquela feita pela alta cúpula seja considerada a mais abrangente e importante. As análises setoriais ou das unidades são mais detalhadas e se efetuam com frequência maior do que aquela da cúpula. Podem ser mensais, semanais ou, em alguns casos, até diárias. Suas conclusões servem de insumo para a análise nos níveis organizacionais superiores. Apesar de a análise pela cúpula ser mais abrangente e ocorrer com frequência menor, ela pode gerar decisões que impactam a organização como um todo. Algumas conclusões dessas análises requerem uma investigação mais profunda e detalhada do que a que normalmente ocorre nas análises setoriais. A informação "sobe" pela escala hierárquica de maneira que as centenas de dados operacionais geradas na base da pirâmide da organização se transformam em apenas alguns poucos (dependendo do porte) indicadores que serão analisados pela cúpula. A AGD se fará a partir de um painel de controle, montado com base nesses indicadores e colocado à disposição da cúpula por meio do sistema de informação. O painel de controle será um condensado dos inúmeros indicadores coletados, armazenados e acessados a partir do sistema de informação da organização. Esse sistema

2 Expressão geralmente utilizada no original em inglês; uma tradução possível para o português (mas pouco usada) seria "Indicadores balanceados de desempenho".

3 ALBANO, F. M. *Desenvolvimento de um modelo de avaliação global de desempenho*. Universidade Federal do Rio Grande do Sul. Escola de Engenharia. Programa de Pós-Graduação em Engenharia de Produção, Dissertação, 2008. Disponível em: <http://hdl.handle.net/10183/14296>. Acesso em: abr. 2018.

transforma os dados em indicadores, e a análise crítica do desempenho global os transforma em conhecimento. A implantação de um modelo de AGD pode ser desenvolvida a partir da realização destas seis etapas:[4]

1. Avaliação da estratégia da organização.
2. Levantamento dos processos e subprocessos críticos.
3. Desenvolvimento e implantação de indicadores de desempenho.
4. Identificação da importância dos processos e subprocessos.
5. Definição dos indicadores a serem usados.
6. Implantação.

---

4 ALBANO, F. M. *Desenvolvimento de um modelo de avaliação global de desempenho*. Universidade Federal do Rio Grande do Sul. Escola de Engenharia. Programa de Pós-Graduação em Engenharia de Produção, Dissertação, 2008. Disponível em: <http://hdl.handle.net/10183/14296>. Acesso em: abr. 2018.

17

O PAINEL DE CONTROLE

As lideranças das organizações precisam definir seus painéis de controle, painéis de bordo, *cockpit* (ou qualquer outro nome que lhes seja dado), os quais permitirão à alta direção proceder à análise crítica do desempenho global, ou seja, compará-las com outras ou consigo mesmas (séries históricas ou alcance de metas) na busca da avaliação e do conhecimento necessários sobre a organização.

Os painéis de controle sumarizam todos os indicadores e dados operacionais coletados nos diferentes níveis da organização que, à medida que progridem na pirâmide hierárquica, se afunilam até compor um resumo que possibilite à cúpula verificar se os planos definidos estão sendo alcançados; se a visão e a missão estão sendo realizadas. Essa análise deve ser feita formalmente e com frequência definida a partir dos resultados da organização.

A grande análise se fará na revisão periódica conduzida por ocasião do planejamento estratégico. De modo geral, os indicadores escolhidos para a construção do painel de controle devem contemplar os fatores críticos de sucesso da organização, sua estratégia competitiva e os fatores ligados à sua sustentabilidade no ambiente em que está inserida.

Os resultados da organização são medidos a partir do grau de satisfação dos grupos de interesse. São eles que definem o grau de sucesso ou insucesso de uma organização. Com frequência, responder à pergunta se uma organização é boa ou não, ou seja, se é bem-sucedida ou não, gera dificuldades porque em geral não se sabe como fazer uma avaliação substantiva.

Todas as organizações, independentemente do tipo, tamanho, objetivo ou figura jurídica, contam com, basicamente, cinco grupos de interesse: os **donos**, sócios, cotistas, cooperados ou o Estado (no caso de organizações estatais), que têm interesse em saber se os recursos financeiros empregados na organização tiveram bom uso e, para isso, se basearão nos **indicadores econômico-financeiros**; os **clientes** demonstrarão seu grau de satisfação por meio de indicadores que o atestem; as **pessoas que trabalham** na organização também demonstrarão seu grau de satisfação por meio de **indicadores de satisfação ou indiretos,** como absenteísmo e outros; a relação da organização com seus **fornecedores** será demonstrada por meio de indicadores da qualidade dessa relação; e, por fim, o **grupo social** maior revelará sua satisfação por meio de seus processos ligados ao produto ou ao serviço e se os processos de apoio estiverem sendo realizados com qualidade, sem produzir desperdícios, poluição ou mau uso dos recursos colocados à disposição pela sociedade.

Uma organização não tem direito de gastar equivocadamente seus recursos, mesmo que tenha dinheiro suficiente para pagar por eles. Todos possivelmente se recordam de apagões na distribuição de eletricidade quando não há o que consumir, sem importar quanto dinheiro se tenha para pagar por este possível consumo.

Resumindo os possíveis indicadores de um painel de controle, sugere-se a lista abaixo:

- Resultados econômico-financeiros:
  - liquidez;
  - índices de atividade;
  - estrutura de capital;
  - rentabilidade etc.

- Resultados relativos aos clientes:
  - participação no mercado;
  - satisfação/insatisfação dos clientes por grupos;
  - índice de fidelização;
  - mercado potencial;
  - pesquisas de mercado;
  - índices de reclamação;
  - *top of mind* etc.

- Resultados relativos ao grau de satisfação das pessoas que trabalham na organização:
  - Pesquisas de clima organizacional: salários, benefícios, satisfação, promoções, reconhecimento etc.
  - horas de treinamento;
  - acidentes de trabalho;
  - doenças ocupacionais etc.

- Resultados da relação com os fornecedores:
  - conformidades nas entregas;
  - qualidade nas entregas etc.;
  - resultados relativos à sociedade e aos processos-fins e de apoio;
  - conformidade nos processos-fins e de apoio;
  - qualidade nos processos-fins e de apoio;
  - manifestações de respeito socioambiental etc.

- Resultados da relação com a sociedade:

Esses resultados, por exemplo, podem compor o painel de controle da organização. Outra forma de construí-lo pode ser a partir da contribuição de Kaplan e Norton (professores da Harvard Business School) que, em 1992, desenvolveram a proposta do *Balanced scorecard*. Trata-se de metodologia apresentada inicialmente como modelo de avaliação de desempenho empresarial, porém sua utilização nas empresas (assim como o modelo da FNQ sobre o qual este livro está baseado) permitiu sua utilização como modelo de gestão estratégica. O modelo da FNQ, como se viu ao longo deste livro, em apenas um de seus critérios, abrange mais perspectivas que as do BSC.

O BSC tem sido usado pela alta cúpula de organizações como um instrumento de análise crítica do desempenho, fazendo correlação de indicadores financeiros, de processos internos, aprendizado e crescimento (pessoas) e de satisfação de clientes. Essa correlação deve ser feita com a visão e com as estratégias da empresa. Há uma pequena diferença com relação ao painel anterior. O "bom *scorecard*", dizem os criadores do instrumento, transmite a estratégia por meio desse conjunto integrado de indicadores. O "bom *scorecard*" descreve:

> a visão de futuro da empresa para toda a organização, criando aspirações compartilhadas; cria um modelo holístico da estratégia, mostrando a todos como podem contribuir para o sucesso; e dá foco aos esforços de mudança porque, se os objetivos e medidas certos forem identificados, a implementação provavelmente será bem-sucedida.[1]

1 KAPLAN, R.; NORTON, D. *Balanced scorecard*: a estratégia em ação. São Paulo: Campus, 1996.

Segundo Kaplan e Norton:

> o BSC reflete o equilíbrio entre objetivos de curto e longo prazo, entre medidas financeiras e não financeiras, entre indicadores de tendências e ocorrências e entre as perspectivas interna e externa de desempenho. Esse conjunto abrangente de medidas serve de base para o sistema de medição e gestão estratégica por meio do qual o desempenho organizacional é mensurado de maneira equilibrada sob as quatro perspectivas. Dessa forma contribui para que as empresas acompanhem o desempenho financeiro, monitorando, ao mesmo tempo, o progresso na construção de capacidades e na aquisição dos ativos intangíveis necessários para o crescimento futuro. Portanto, a partir de uma visão balanceada e integrada de uma organização, o BSC permite descrever a estratégia de forma muito clara, por intermédio de quatro perspectivas: financeira; clientes; processos internos; aprendizado e crescimento. Sendo que todos se interligam entre si, formando uma relação de causa e efeito. Traduz a missão e a estratégia das empresas num conjunto abrangente de medidas de desempenho que serve de base para um sistema de medição e gestão estratégica. O *Balanced Scorecard* continua enfatizando a busca de objetivos financeiros, mas também inclui os vetores de desempenho desses objetivos. O *scorecard* mede o desempenho organizacional sob quatro perspectivas equilibradas e permite que as empresas acompanhem o desempenho financeiro, monitorando, ao mesmo tempo, o progresso na construção de capacidades e na aquisição dos ativos intangíveis necessários para o crescimento futuro.[2]

A seguir, são relacionados os elementos clássicos do BSC e suas inter-relações.[3]

---

2 KAPLAN; NORTON, 1996.

3 KAPLAN; NORTON, 1996.

FIGURA 17.1 – ELEMENTOS CLÁSSICOS DO BALANCED SCORECARD (BSC)

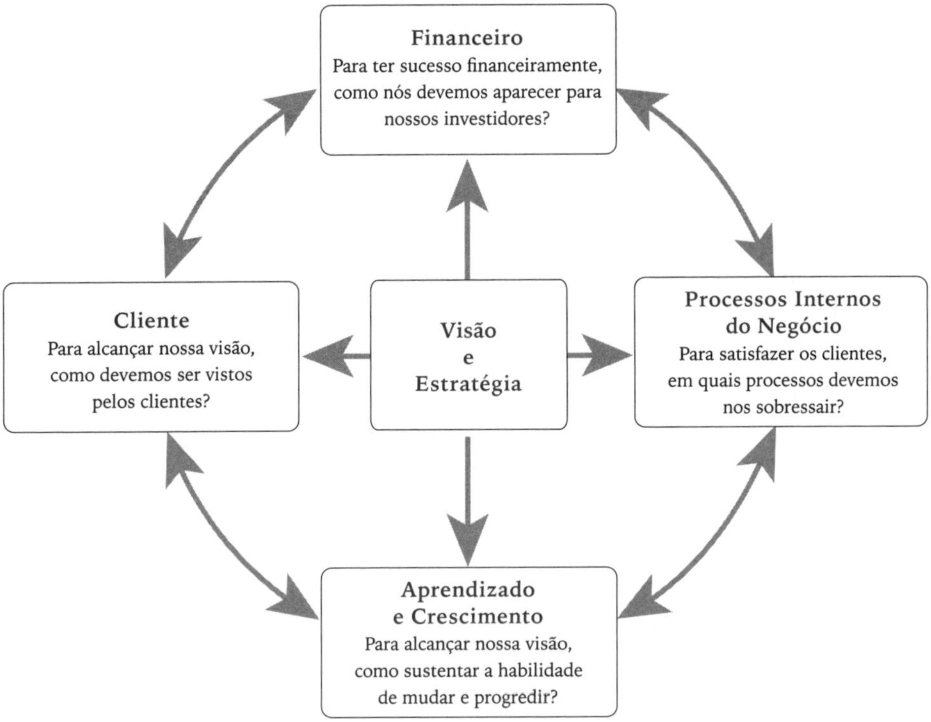

O BSC enfatiza que as medidas financeiras e não financeiras devem fazer parte do sistema de informações dirigido a toda a força de trabalho, em todos os níveis da organização. As pessoas que estão no nível operacional devem compreender as consequências financeiras de sua atuação, assim como o topo da pirâmide deve ter conhecimento das consequências de seus atos no produto final. Nesse sentido, o BSC deve ser visto como um instrumento de apoio à gestão. Embora inicialmente a metodologia tenha sido desenhada para organizações com fins lucrativos, hoje seus conceitos têm sido utilizados em todos os setores da atividade econômica.

O termo **Indicadores Balanceados** deve-se ao fato de que a escolha dos indicadores de uma organização não devem se restringir ao aspecto econômico-financeiro; as organizações também se utilizam de indicadores focados em ativos intangíveis, como desempenho de mercado junto a clientes, desempenhos dos processos internos e pessoas, inovação e tecnologia. Isso porque o somatório desses fatores ajudará a obter desempenho desejado pelas organizações, criando valor futuro.

Como dito anteriormente, o modelo de gestão analisado neste livro constitui-se num BSC expandido, pois tem mais perspectivas do que o original. Os próprios criadores do BSC admitem a possibilidade e a conveniência de mais perspectivas, quando dizem que:

> As quatro perspectivas do *Balanced Scorecard* têm-se revelado adequadas em diversas empresas e setores de mercado. Mas elas devem ser consideradas um modelo, não uma camisa de força. Não existe teorema matemático segundo o qual as quatro perspectivas sejam necessárias e suficientes. Ainda não encontramos empresas que utilizem menos do que as quatro perspectivas, porém, dependendo das circunstâncias do setor e da estratégia de uma unidade de negócios, é possível que seja preciso agregar uma ou mais perspectivas complementares.[4]

O BSC vem sendo utilizado por organizações do setor privado, público e do terceiro setor em todo o mundo e foi escolhido pela revista *Harvard Business Review* como uma das práticas de gestão mais importantes dos últimos anos.

No Roteiro de Visitas do Compromisso com a Qualidade Hospitalar (CQH),[5] o sistema de liderança é avaliado a partir de perguntas que visam identificar a autoridade máxima de um hospital e o compartilhamento dela num sistema de governança definido; se o organograma está formalmente descrito, se é do conhecimento de todos na organização e representa a realidade; quais são as habilitações dos executivos; e como o modelo assistencial integra as diversas atividades da instituição. Pela importância do serviço de enfermagem (geralmente o maior contingente da força de trabalho e único a permanecer ininterruptamente no hospital), realiza-se pesquisa sobre suas condições de poder na estrutura organizacional. A cultura de excelência é avaliada pelo questionamento sobre os documentos e conceitos básicos da instituição, sua disseminação e conhecimento em todos os níveis. Por fim, a análise crítica do desempenho global é feita pela evidência de processo sistematizado para melhoria da qualidade e pela análise crítica do desempenho da liderança. O que os avaliadores buscam é saber se os indicadores demonstram que a missão e a visão da organização estão sendo alcançadas.

---

4 KAPLAN; NORTON, 1996.

5 Compromisso com a Qualidade Hospitalar, programa mantido pela Associação Paulista de Medicina, desde 1991, com a finalidade de "contribuir para a melhoria contínua na qualidade dos hospitais por meio de uma metodologia específica".

POSFÁCIO

Muitos dos conceitos apresentados neste livro estão e, talvez, em alguns casos sempre estiveram em prática em organizações pelo mundo afora, embora as pessoas que nelas trabalham e mesmo observadores externos, às vezes, nem se deem conta de que já estão vivendo uma nova era da liderança organizacional – aquela que fará com que as organizações sobrevivam às agruras do mundo organizacional no século XXI.

O que este livro faz é apresentar para os leitores a descrição, uma reflexão e a interpretação do que seja uma nova forma de entender a liderança; como organizar seus processos de maneira que ela contribua para a gestão das organizações. Os conceitos não são percebidos, talvez, porque as pessoas não querem percebê-los. Preferem continuar a acreditar na lenda dos líderes-heróis e dos ídolos de barro. Também estes terão interesse em perpetuar suas lendas porque elas os ajudam a se manter em seus postos, embevecidos na ilusão de sua suposta grandeza e poder. Tudo não passa de um jogo de cena que tem sido mantido há anos e que pode perdurar ainda por muito tempo, caso corações e mentes administrativas não se convençam da necessidade de mudanças e quebras de velhos paradigmas.

A forma de combatê-los começa com sua identificação. Aqui se desafia o leitor para que procure identificá-los nas suas atividades do dia a dia profissional e pessoal, porque eles estão por toda parte jogando sua sedução para todos os lados e tentando manipular a quem se deixar ser manipulado. Ao identificar um deles (o que não será difícil desde que se queira admitir sua existência), o passo seguinte é procurar suas manifestações presunçosas na busca por manter o mito vivo. Esse pode ser um excelente exercício que se propõe aos leitores para que aprendam mais sobre seus circunstantes e sobre si mesmos. Prestem atenção e identifiquem os sinais dessa busca: na linguagem não verbal; nos maneirismos; nas mensagens cuidadosamente transmitidas durante conversações que, às vezes, podem até parecer inócuas (na verdade, elas sempre buscam exaltar alguma característica do pretendente a líder-herói, ainda que veladamente); nas meias verdades ditas de maneira dissimulada; nas insinuações contidas em significados sugeridos de frases não terminadas; na falsa modéstia maldisfarçada; na autopromoção deslavada ou meramente insinuada; na arrogância de pretender ter todas as respostas certas mesmo às perguntas não feitas; na busca constante pelo brilho dos holofotes; e em tantas outras maneiras sutis (ou não tanto) de se insinuar com mais importância da que realmente tenham.

Também deve ter ficado clara para o leitor a mensagem do livro contida na forma como ele foi montado, que é a própria estrutura sugerida para a implantação da liderança nas organizações. A estrutura sugerida no livro dá ao leitor uma nítida indicação de como formatar a liderança seguindo passo a passo cada uma das seções e capítulos do livro. É óbvio que a sequência de implantação não precisa ser igual à apresentada, mesmo porque as organizações existentes têm um sistema próprio de liderança em funcionamento. O que se sugere aqui é que o leitor, ao analisar a estrutura de liderança de sua organização, leve em conta os itens sugeridos no livro e veja como alguns deles podem ajudar na condução de seu sistema de liderança, da sua cultura organizacional tendente à excelência e na análise crítica global da organização.

REFERÊNCIAS

ALBANO, F. M. *Desenvolvimento de um modelo de avaliação global de desempenho.* Universidade Federal do Rio Grande do Sul. Escola de Engenharia. Programa de Pós-Graduação em Engenharia de Produção, Dissertação, 2008. Disponível em: <http://hdl.handle.net/10183/14296>. Acesso em: abr. 2018.

ALMEIDA, A. M. F. A escola de dirigentes paulistas. 1999. 292 p. Tese (Doutorado em Educação), Universidade de Campinas, 1999.

BADARACCO JR., J. L. *Leading quietly*: an unorthodox guide to doing the right thing. Boston: Harvard Business School Press, 2002.

BARCELLOS, F. *A psicologia aplicada:* administração de empresas. São Paulo: Ediouro, 1984.

BAUMAN, Z. *O Estado de S. Paulo*, 27 jan. 2008.

BAZERMAN, M. H.; MALHOTRA, D. When not to trust your gut. *Harvard Business School*, Working Knowledge, 31 jul. 2016. Disponível em: <https://hbswk.hbs.edu/item/when-not-to-trust-your-gut>. Acesso em: 31 dez. 2006.

BENNIS, W.; TICHY, N. *How winning leaders make great calls*. New York: Penguin Group, 2007.

BERSTEIN, P. *Against the gods*: the remarkable story of risk. 3. ed. New York: John Wiley & Sons, 1996. p. VII.

BHARGAVA, S.; MATHUR, R. An empirical study on transforming 21st century organizations through values. *8th Bi-Annual Conference of the International Society for the Study of Work and Organizational Values*, 2002.

BOARD, B. J.; FRITZON, K. *Disordered personalitiess at work*: psychology, crime and law, 11, p. 17-32, 2005. Disponível em: <http://epublications.bond.edu.au/era_sbe/118>. Acesso em: mar, 2018.

BUCCI, E. TV Brasil: pública, estatal ou governamental? *O Estado de S.Paulo*, São Paulo, p. A2, 22 set. 2011.

BUENO, W. C. *Comunicação empresarial*: políticas e estratégias. São Paulo: Saraiva, 2009.

BURMESTER, H.; HAMAMOTO, R. S. Liderança baseada em valores. *Revista de Administração em Saúde*, v. 5, n. 18, jan./mar., 2003.

CERULO, K. A. Identity construction: new issues. New Directions Journal, *Annual Review of Sociology*, v. 23, 1997.

CLARK, D. R. *Leadership competency model*. 2004. Disponível em: <http://www.nwlink.com/donclark/hr/case/chart1.html>. Acesso em: 30 nov. 2007.

COLLINS J. C; PORRAS, J. I. Organizational vision and visionary organizations. In: HICKMAN, G. R. (Ed.). *Leading organizations:* perspectives for a new era. California: Sage Publications Inc., 1998.

COLLINS, J.; PORRAS, J. L. *Feitas para durar*. Rio de Janeiro: Rocco, 2007.

COSTA, N. J. Culto à personalidade. Disponível em: <http://www.gospel10.com/artigos/artigo--culto-a-personalidade--46>. Acesso em: abr. 2018.

DAMANTE, N. Comunicação empresarial. *Revista de Comunicação Empresarial*. São Paulo, ano 15, n. 57, p. 4-7, 2005. Disponível em: <http://www.aberje.com.br/revista/4_2005/entrevista.pdf>. Acesso em: 3 set. 2008.

DEAL T. E.; KENNEDY, A. A. *Corporate cultures:* the rites and rituals of corporate life. Harmondsworth: Penguin Books, 1982.

DIMITRIUS, J.; MAZZARELLA, M. *Decifrar pessoas:* como entender e prever o comportamento humano. São Paulo: Alegro, 2000.

Disponível em: <http://www.winston-churchill-leadership.com>. Acesso em: 31 jan. 2011.

Disponível em: <http://www.winston-churchill-leadership.com>. Acesso em: 20 jan. 2012.

DONALDSON, L. Teoria da contingência estrutural. In: CLEGG, S. R.; HARDY, C.; NORD, W. R. (Orgs.). *Handbook de estudos organizacionais*. São Paulo: Atlas, 1999.

ELLIS, B. E. *Psicopata americano*. Rio de Janeiro: Rocco, 1991.

ERICKSON, T.; GRATTON, L. *Eight ways to build collaborative teams.* Disponível em: <https://hbr.org/2007/11/eight-ways-to-build-collaborative-teams>. Acesso em: abr. 2018.

EXAME, 15 mar. 2006.

EXAME, 21 mai. 2008.

EXAME, 25 ago. 2010.

EXAME, 31 dez. 2007.

EXAME, 31 dez. 2007.

EXAME, 31 dez. 2007.

EXAME, edição especial de 40 anos, 2007.

EXAME, p. 108, 07 abr. 2010.

EXAME, p. 111, 15 jul. 2009.

EXAME, p. 124, 24 mar. 2010.

EXAME, p. 24-25, 27 fev. 2008.

EXAME, p. 38, 01 jul. 2009.

EXAME, p. 93, 10 mar. 2010.

EXAME, p. 96, 09 nov. 2005.

FABER, M.; MANSTETTEN, R.; PROOPS, J. *Ecological economics*: concepts and methods. Reino Unido: Edward Elgar Publishing, 1998.

FALCONI, V. *O verdadeiro poder:* práticas de gestão que conduzem a resultados revolucionários. Belo Horizonte: INDG, 2009.

FISHER, R.; URY, W.; PATTON, B. *Como chegar ao sim:* a negociação de acordos sem concessões. 3. ed. Rio de Janeiro: Imago, 2014.

FISHER, R.; URY, W.; PATTON, B. *Getting to yes*: negotiating agreement without giving in. United States: Pinguin books, 1981.

FRAIA, E.; BARBARA, V. Borges e Bioy, ficção de cano duplo. *O Estado de S. Paulo*, 15 mar. 2008. Disponível em: <http://cultura.estadao.com.br/noticias/artes,borges-e-bioy-ficcao-de-cano-duplo,140977>. Acesso em: abr. 2018.

FREITAS, M. E. de. *Cultura organizacional*: formação, tipologias e impactos. São Paulo: Makron, 1991.

FOLHA DE S.PAULO. Pesquisa mostra comportamento de chefes de diferentes gerações. *Folha de S.Paulo*, Empregos e carreiras, 12 set. 2013. Disponível em: <http://classificados.folha.uol.com.br/empregos/2013/09/1340926-pesquisa-mostra-comportamento-de-chefes-de-diferentes-geracoes.shtml>. Acesso em: mar. 2018.

FUNDAÇÃO DO DESENVOLVIMENTO ADMINISTRATIVO (FUNDAP). *Guia de modelagem de estruturas organizacionais*. São Paulo: Fundap, 2006.

FUNDAÇÃO NACIONAL DA QUALIDADE (FNQ). *Liderança*. Série Cadernos de Excelência. São Paulo: FNQ, 2007.

GEORGE, W. W. Disponível em: <www.hbs.edu>. Acesso em: 20 jan. 2012.

GREENWICH, C. T.; NELSON, R. B. *A network MCI conferencing white paper, meetings in America*: a study of trends, costs and atitudes toward business travel, teleconferencing, and their impact on productivity. (S.I.): Infocomm, 1998. p. 10.

HAMEL, G.; BREEN, B. *O futuro da administração*. São Paulo: Elsevier, 2007.

HANDY, C. B. *Understanding organizations*. 3. ed. Harmondsworth: Penguin Books, 1985.

HARVARD MANAGEMENT UPDATE, v. 8, n. 4, 2003.

HELVÉCIA, H.; CLEMENTE, A. T. O time em primeiro lugar. Folha de S.Paulo, *Folha Online*, [Sinapse] online, 27 abr. 2004. Disponível em: <http://www1.folha.uol.com.br/folha/sinapse/ult1063u812.shtml>. Acesso em: mar. 2018.

HERSKOVITS, M. *The man and his works:* the science of cultural anthropology. New York: Alfred A. Knopf, 1948.

HOFSTEDE, G. *Culture's consequences*: international differences in work related values. California: Sage Publications, 1980.

HSM EXPERIENCE. *A melhor alternativa na negociação*. HSM Educação Executiva, 01 jul. 2011. Disponível em: <https://experience.hsm.com.br/posts/a-melhor-alternativa-na-negociacao>. Acesso em: 21 mar. 2018.

<http://www.hsm.com.br/blog>. Acesso em: 16 nov. 2010.

IDB. Disponível em: <http://www.iadb.org/exr/proc/porindex.htm>. Acesso em: abr. 2018.

INSTITUTO BRASILEIRO DE GOVERNANÇA CORPORATIVA (IBGC). Disponível em: <http://www.ibgc.org.br/index.php/governanca/governanca corporativa>. Acesso em: fev. 2018.

INSTITUTO BRASILEIRO DE GOVERNANÇA CORPORATIVA (IBGC). Gerenciamento de riscos corporativos: evolução em governança de estratégia. *Série Cadernos de Governança Corporativa*, 2017.

INTER-AMERICAN DEVELOPMENT BANK (IDB). Disponível em: <http://www.iadb.org/exr/proc/porindex.htm>. Acesso em: fev. 2018.

JENSEN, M.; MECKLING, W. Theory of the firm: managerial behavior, agency costs and ownership structure. *Journal of FinancialEconomics*, v. 3, n. 4, p. 305-360, 1976.

JOHNSON, G. Rethinking incrementalism. *Strategic Management Journal*, v. 9, p. 75-91, 1988.

JUNG, C. G. *Fundamentos de psicologia analítica*. 6. ed. Petrópolis: Vozes, 1991.

KAPLAN, R.; NORTON, D. *Balanced scorecard:* estratégia em ação. São Paulo: Campus, 1996.

KHURANA, R. The curse of the superstar CEO. *Harvard Business Review*, 80, n. 9, set. 2002.

KIEFFER, G. D. *The strategy of meetings*. New York: Simon & Schuster, 1988.

KLENKE, K. Corporate values as multi-level, multi-domain antecedents of leader behaviors. *International Journal of Manpower*, v. 26, n. 1, p.50-68, 2005.

KUCZMARSKI, S. S.; KUCZMARSKI, T. D. *Liderança baseada em valores*: reconstruindo o compromisso, o desempenho e a produtividade do empregado. Trad. Neyd Siqueira. São Paulo: Educator, 1999.

KUPPLER, T. The common ground of qualitative and quantitative culture development approaches (part one/part two). *Human Synergistics*. Disponível em: <https://www.humansynergistics.com/resources/content/2017/07/18/the-common-ground-of-qualitative-and-quantitative-culture-development-approaches-(part-one)>; <https://www.humansynergistics.com/resources/content/2017/07/18/the-common-ground-of-qualitative-and-quantitative-culture-development-approaches-(part-two)>. Acesso em: abr. 2018.

LAGACE, M. Grooming next generation leaders. *HBS Working Knowledge*, 18 dez. 2006.

LANCASTER, L. C. ; STILMANN, D. *O y da questão*: como a geração y está transformando o mercado de trabalho. São Paulo: Saraiva, 2011.

LAWRENCE, P.; NOHRIA, N. *Driven*: how human nature shapes our choices. San Francisco: Jossey-Bass, 2002.

MAIER, R. *Comportamento animal*: un enfoque evolutivo y ecológico. McGrawHill: Madrid, 2007.

MATSON, E. The seven sins of deadly meetings. *Fast Company*, 1996. Disponível em: <https://www.fastcompany.com/26726/seven-sins-deadly-meetings>. Acesso em: abr. 2018.

MCGINN, K. L. Why negotiation is like jazz. *Harvard Business School – Working Knowledge*. Disponível em: <https://hbswk.hbs.edu/item/negotiation-and-all-that-jazz2>. Acesso em: abr. 2018.

MCGUIRE, S. J. J. *Entrepreneurial organizational culture*: construct definition and instrument development and validation. Ph.D. Dissertation, The George Washington University, Washington, DC, 2003.

MILLS, D. Q.; ROSEFIELDE, S. *Masters of illusion:* american leadership in the media age. New York: Cambridge University Press, 2007.

MINTZBERG, H. *Structure in 5's*: designing effective organizations. [S.I.]: Prentice Hall, 1983.

MOINE, D.; HERD, J. *Modernas técnicas da persuasão*. São Paulo: Summus, 1988.

MOTTA, F. C. P.; VASCONCELOS , I. F. G. *Teoria geral da administração*. São Paulo: Thomson, 2002.

NELSON, R. B. *Better business meetings*. Burr Ridge: Irwin Inc., 1995. p. 5.

NIERENBERG, G. I. *The complete negotiator*. New York: Berkley Books, 1991.

NOHRIA, N; MAYO, R. *Paths to power*: how insiders and outsiders shaped american business leadership. (S.I): 2007.

O criador da WWW. *O Estado de S. Paulo*, Caderno B, p. 34-35, 29 set. 1997. => a página não confere no assunto abordado.

O Estado de S. Paulo, p. D10, 20 abr. 2008.

ORGANIZAÇÃO DAS NAÇÕES UNIDAS (ONU). *Pacto global da ONU lança guia de sustentabilidade empresarial*. Disponível em: <https://nacoesunidas.org/pacto-global-da-onu-lanca-guia-de-sustentabilidade-empresarial-criando-um-futuro-sustentavel/>. Acesso em: abr. 2018.

Palestra realizada no Hospital das Clinicas da Faculdade de Medicina da Universidade de São Paulo (HC-FMUSP), em maio de 2007.

PARKER, M. *Organizational culture and identity*. London: Sage, 2000.

PETERS, T. *Você SA*, maio 2001.

PROGRAMA COMPROMISSO COM A QUALIDADE HOSPITALAR. Disponível em: <http://www.cqh.org.br>. Acesso em: abr. 2018.

RACY, S. *O Estado de S. Paulo*, Coluna Direto da Fonte, Caderno 2, 21 fev. 2011.

RODRIGUES, A. L. *Revista de Administração de Empresas*, v. 48, n. 2, abr./jun. 2008.

RUSSO, G. M. *Diagnóstico da cultura organizacional*: o impacto dos valores organizacionais no desempenho das terceirizações. São Paulo: Elsevier, 2010. Disponível em: <http://www.giusepperusso.com.br/culturaorganizacional/importancia2.html>. Acesso em: 21 fev. 2011.

SCHEIN, E. H. *Organizational culture and leadership*. 3. ed. [S.I.]: Jossey-Bass, 2005.

SCHOLTES, P. R. *The leader's handbook*: making things happen, getting things done. McGraw-Hill: New York, 1998.

SCOTT, R. W. *Institutions and organizations*. 2. ed. Thousand Oaks: Sage Publications, 2001.

SEBRAE. Disponível em: <http://www.sebrae.com.br>. Acesso em: 23 mar. 2011.

SEMLER, R. *Virando a própria mesa*. Rio de Janeiro: Rocco, 2002.

SENGE, P. M. *The fifth discipline*: the art and practice of the learning organization. New York: Doubleday/Currency, 1990.

SERRA, C. *Diário de um sociólogo*. Maputo: [s.e.], 2011. Disponível em: <http://oficinadesociologia.blogspot.com.Blog>. Acesso em: abr. 2018.

SIMMONS, A. *The story factor*. Cambridge/MA: Basic Books, 2006.

SMIRCICH, L.; CALAS, M. B. *Critical perspectives on organization and management theory*. History of Management Thought. London: Dartmouth Pub Co, 1995.

SPERBER, P. *Fail-safe business negotiating*. New York: Prentice Hall, 1982.

HSM EXPERIENCE. *Tesco:* lições de uma gigante do varejo. HSM, 25 fev. 2014. Disponível em: <https://experience.hsm.com.br/posts/tesco-licoes-de-uma-gigante-do-varejo>. Acesso em: mar. 2018.

Valor Econômico, p. 4, 26 nov. 2007.

Valor Econômico, p. 4, 26 nov. 2007.

WEBER, M. *Ensaios de sociologia*. Rio de Janeiro: Guanabara, 1981.

WEISSENBERGER, B. *Business week on-line*, 3 nov. 2009.

WELCH, J. Revista *Exame*, p. 162-163, 21 out. 2009.

WIKIPEDIA. *Consensus decision-making*. Disponível em: <http://en.wikipedia.org/wiki/Consensus_decision-making>. Acesso em: 25 maio 2007.

WIKIPEDIA. Disponível em: <http://en.wikipedia.org/wiki>. Acesso em: 28 maio 2007.

WIKIPEDIA. Disponível em: <http://www.wikipedia.org/wiki/Hierarquia_de_necessidades_de_Maslow>. Acesso em: 06 abr. 2011.

WIKIPEDIA. *Mito*. Disponível em: <http://pt.wikipedia.org/wiki/Mito>. Acesso em: 09 maio 2007.

ZENGER, J.; FOLKMAN, J. *Executive Excellence*, n. 12, 2003.

ZONATTO, V. C. S.; BEUREN, I. M. Categorias de riscos evidenciados nos relatórios da administração de empresas brasileiras com ADRs. *Revista Brasileira de Gestão de Negócios* (RBGN), FECAP, 2010. Disponível em: <https://rbgn.fecap.br/RBGN/article/viewArticle/527>. Acesso em: fev. 2018.